Jan Niedbala

Le Guide Secret de l'ÉGYPTE ANCIENNE
13 sites d'exception pour repenser notre histoire

Jan Niedbala et Omnia Veritas Ltd, présentent

Le Guide Secret de
l'ÉGYPTE ANCIENNE
*13 sites d'exception pour
repenser notre histoire*

Publié par
Omnia Veritas Ltd

www.omnia-veritas.com

© Omnia Veritas Ltd – Jan Niedbala – 2017

Crédits photos : Jan Niedbala

Tous droits réservés. Aucune partie de cette publication ne peut être reproduite par quelque moyen que ce soit sans la permission préalable de l'éditeur. Le code de la propriété intellectuelle interdit les copies ou reproductions destinées à une utilisation collective. Toute représentation ou reproduction intégrale ou partielle faite par quelque procédé que ce soit, sans le consentement de l'éditeur, de l'auteur ou de leur ayants cause, est illicite et constitue une contrefaçon sanctionnée par les articles L-335-2 et suivants du Code de la propriété intellectuelle.

INTRODUCTION	7
DAHCHOUR	14
La Pyramide Rouge	14
Le Pyramidion	25
La Pyramide Rhomboïdale	28
SAQQARAH	41
Les pyramides de Djoser et Ounas	41
Le Serapeum	52
ABOUSIR & ABOU GHORAB	70
Abousir	70
Abou Ghorab	80
L'OBÉLISQUE INACHEVÉ D'ASSOUAN	91
L'ÎLE ÉLÉPHANTINE	114
LE RAMESSEUM	125
LES COLOSSES DE MEMNON	140
LE TEMPLE DE LOUXOR	148
LE TEMPLE DE KARNAK	175
ABYDOS	201
DENDÉRAH	217
LE GRAND SPHINX	236
LES PYRAMIDES DE GIZEH	261
CONCLUSION	298
BIBLIOGRAPHIE	307
DÉJÀ PARUS	319

INTRODUCTION

Dans notre acceptation moderne, le mot Égypte vient du mot grec « Aegyptos », translittération du terme *Het-Ka-Ptah*. *Het* pour le Lieu. *Ka* pour l'Âme, ou la projection physique de l'âme métaphysique, à ne pas confondre avec *Khet* qui signifie corps. *Ptah*, pour le Dieu créateur. En essence, *Het-Ka-Ptah* signifie « le Lieu d'où se manifeste la projection de Ptah ». Comprenez, là où tout a commencé. C'est de ce commencement que nous tenterons de nous rapprocher dans cet ouvrage. Le commencement réel de notre civilisation, qui diffère de celui qui nous est enseigné. Il en diffère par les innombrables contradictions et incohérences dictées par les dogmes qu'il nous est encore interdit de contester.

Sujet éternellement à la mode, l'Égypte Ancienne est souvent victime de son succès. La cupidité attire les esprits malveillants en quête de reconnaissance, d'autopromotion, prêts à tout pour se légitimer et ajouter leur nom à la liste officielle de ceux qui contribuent au déchiffrage de l'énigme pharaonique. De là, peut-on croire à toutes les « découvertes » officielles qui sont rendues publiques ? Curieusement, depuis l'aube de l'égyptologie, dans la majorité des cas publiés, ces « études » et « découvertes » concernent les mêmes sujets. La Pyramide de Gizeh, ses méthodes de construction, la ou les chambres secrètes que l'on y trouverait, le masque de Toutankhamon, etc... chacun se sent investi d'un devoir archéologue et ajoute son petit grain de sel à un plat déjà indigeste. Pourquoi ? Pourquoi les tentatives de découvertes ne se portent-elles pas sur des sujets dont on ne sait pas encore assez ?

Pourquoi ne pas étudier Abou Rawah ou Zawyet El Aryan ? Des noms inconnus... CQFD. L'approche académique qui se devrait vertueuse est devenue aujourd'hui un grossier simulacre cherchant le profit grâce aux titres d'articles dont les mots clés résonnent en chacun de nous. Seul problème, le vide de toutes ces coquilles sonne encore plus qu'auparavant.

Il ne s'agira pas ici de prétendre à de nouvelles découvertes, ni de développer de nouvelles théories dont raffolent les aficionados de la discipline alternative, mais simplement de jeter une lumière synthétique sur des questions qui doivent être posées. Établir une base commune de sites, d'hypothèses, d'improbabilités, de constatations. Le dessein de cet ouvrage n'est pas camouflé. Il est bien de pousser les théories officielles dans leurs retranchements et voir comment elles peuvent supporter l'œil de l'enfant, logique, ingénu, vierge de toutes pré-considérations. C'est ce regard qu'il faut porter sur l'Égypte Ancienne pour saisir que l'égyptologie, cette science qui vient seulement de naître, n'a pas encore compris l'essence réelle de ce qu'elle prétend connaître.

La mission du Ministère des Antiquités, les grands patrons de l'égyptologie, devrait être de nettoyer ce secteur pour n'en garder que les acteurs sérieux. Première entrave à notre recherche de vérité : comment déterminer le caractère sérieux des chercheurs dans un milieu où les connaissances s'avèrent maigres ? Avec à peine plus de deux cents ans d'âge, l'égyptologie est une « science » récente qui sort à peine du berceau. Cependant, aux yeux du public, l'image qui en est donnée est celle d'un homme déjà bien portant qui n'a de leçon à recevoir de personne. Un homme dont la suffisance est caractéristique d'un monde attentiste à la pensée unique qui ridiculise ceux qui tenteront de réellement tirer les débats vers le haut. C'est pourtant ainsi que les avancées scientifiques majeures sont apparues : par la rupture avec les stéréotypes ou la dénonciation d'une vision sclérosée. Voudrait-on verrouiller le domaine pour qu'aucune réelle avancée ne pointe le bout de son nez ?

Ici, nul besoin de s'attarder sur ces stéréotypes que vous, passionnés comme néophytes, maîtrisez parfaitement tant ils sont infantilisants, réducteurs et irrespectueux du peuple qui nous triture les méninges depuis les premiers récits de Solon.[1]

L'étude de l'Ancienne Égypte révèle deux niveaux simultanés de compréhension, en perpétuelle concurrence. Le premier se penche sur l'Égypte en tant que civilisation ayant existé sur un lieu géographique connu, son peuple, ses mythologies, croyances, formes sociales, son déroulement chronologique, ses monuments et artéfacts. Il ne s'agit en réalité que de la toile de fond d'une autre Égypte déterminée par la qualité de l'intelligence qui en émane. Cette Égypte, imperméable à toutes considérations temporelles, est un cadeau éternel guidant vers d'infinies possibilités l'Homme qui parviendra suffisamment à élever sa conscience.

Les probables évènements cataclysmiques de la fin de la dernière ère glaciaire ont pu mettre fin à une puissante civilisation ancestrale. Quasiment partout, sa mémoire s'est éteinte. Il reste cependant des indices perceptibles pour l'œil aguerri. Ces indices en ruines se confondent facilement avec les restes de cultures plus récentes, mais se distinguent de manières subtiles comme étant les produits d'esprits supérieurs issus d'un lointain Âge d'Or. La géométrie sophistiquée, les orientations célestes, ainsi que la complexité des symboles font partie des preuves de ce haut héritage antique formant un voile protecteur ; épargnant à ces secrets éternels les tendances destructrices de périodes historiques intellectuellement et spirituellement moins développées.

L'Égypte Ancienne semble avoir hérité d'un niveau de sagesse scientifique que certains décrivent comme « surnaturel », permettant compréhension et contrôle du monde matériel. Cet héritage parait connaître différentes apogées matérialisées par un grand nombre de réalisations qui restent aujourd'hui mystérieuses, tant par leurs caractéristiques techniques que par la symbolique et science sacrée qu'elles véhiculent.

La science sacrée de aquelle sont issus ces édifices impliquait mathématiques, art, religion, et philosophie. La doctrine égyptienne

---

[1] *Vies parallèles,* Plutarque, philosophe, biographe, moraliste, et penseur de la Rome antique.

basée sur cette science unifiait tous ces domaines pour en extraire une unité cohésive, à l'inverse de notre monde moderne où sciences, philosophie, art, et religion sont des disciplines ne partageant aucune pratique commune. En Égypte Ancienne, toutes ces approches sont intrinsèquement dépendantes les unes des autres de manière à ce qu'il n'y ait d'art qui ne soit religieux, de religion qui ne soit philosophique, de philosophie qui ne soit scientifique, de science qui ne soit un art.

Héritage et pharaons sont brouillés et confondus par les officiels qui en ont tiré un mouvement de pensée reconnu, celui de l'Égyptologie, discipline consacrée à la période dynastique. Un autre mouvement de pensée, alternatif, officieux et parfois hautement controversé fournit des preuves repoussant les datations aussi loin que la décence le permette. Cette possibilité est férocement rejetée, souvent ridiculisée par nos académiques contemporains dont la science provient de gouttes d'eaux informatives n'ayant objectivement jamais eu le moindre effet sur la sécheresse impénétrable de la pensée pharaonique. Pourtant, les anciens égyptiens ont créé des tablettes chronologiques détaillant les périodes reculées de leur propre Histoire. Périodes dominées par les *Neteru,* les Dieux incarnant les principes de la Vie, puis par les *Shemsu-Hor,* compagnons et disciples d'Horus. Lorsque les dates de règnes de ces périodes sont additionnées, nous arrivons en -35 000. Un anathème pour nos modernes savants qui prennent ces tablettes pour des écrits fantaisistes et romancés par des esprits primitifs, comme s'ils prétendaient comprendre mieux l'Égypte que les Anciens eux-mêmes.

Au point de départ de la chronologie officielle, vers -3200, l'Égypte Dynastique apparaît, comme sortie de nulle part. Mathématiques, médecine, astronomie, architecture, les sciences sont pleinement développées. Il n'y a pas de naissance de la connaissance. Incohérence rarement abordée par les égyptologues et scientifiques modernes se réclamant pourtant du Darwinisme dont les préceptes contredisent le concept même de l'égyptologie en laquelle ils croient. Car il s'agit bien de croire. Rien de ce qui a été dit au fil des millénaires sur le quand/qui/comment/pourquoi ne peut être vérifié de manière arrêtée. L'égyptologie officielle n'est donc pas une science. C'est un dogme. En déclarant *scio me nihil scire* - je ne sais qu'une chose, c'est que je ne sais rien - Socrate distillait déjà habilement l'approche pleine de réserves que nécessite l'étude de l'Égypte Ancienne. Il fait peu de doutes que nous avons mal considéré l'évolution humaine en lui attribuant un principe progressif linéaire, du chasseur primitif aux smartphones. Académiques et alternatifs se rejoignent sur un point : l'Égypte a connu son apogée avant de connaître un déclin qui passera par l'Empire romain et durera jusqu'à notre douce époque bercée par l'abrutissement télévisuel et l'individualisme. Nous avons ici une première contradiction. Si la civilisation a régressé, elle ne répond pas aux règles darwiniennes. Le distinguo qui s'impose est de savoir si cette apogée est sortie de nulle part comme le prétendent les égyptologues, ou si à l'inverse elle aurait été le point culminant de l'évolution d'une civilisation qui a connu une fin avant de repartir de zéro.

Le parcours des sites de ce pays envahit nos esprits cartésiens d'un sentiment perturbant auquel nous n'avons pas la force de résister. L'art et l'architecture des anciens égyptiens forment un faisceau de preuves de l'existence d'un contrôle inné du physique. D'une mystérieuse compréhension des règles secrètes de la Nature et des lois de la beauté. Des centaines de milliers de précieux trésors reflètent la gloire de ce passé aussi lointain que supposément primitif. Mais qui oserait décemment décrire les égyptiens comme « primitifs » ? Les égyptiens qui ont produit un artisanat si raffiné, aux proportions si harmonieuses, qu'il nous plonge dans un monde intemporel où les chefs d'œuvres deviennent les piliers d'une civilisation sophistiquée, synonyme de magie, voire de connaissances et technologies avancées et disparues. s

Avant de vraiment nous lancer dans le sujet qui nous intéresse aujourd'hui, il semble bon de rappeler quelques fondamentaux pour les néophytes qui prennent en cours de marche le train alternatif de l'égyptologie que nous allons humblement tenter de faire avancer en nourrissant sa locomotive de recherches, explorations, perception et intuitions.

Pyramides, temples, mastabas, pharaons, dates de règnes, ou techniques de construction, tout ce qui en est dit relève de la simple hypothèse tirée des dires d'une poignée de personnes (Champollion et Hérodote en tête de gondole) dont on ne remet pas en cause les discours, et face auxquelles s'érigent depuis toujours, des théories alternatives. Ces théories officielles, elles, ne reposent que sur des suppositions non-démontrables. Pis encore, au sein même des écrits d'Hérodote, nous trouvons des incohérences, ou du moins différentes pistes et grilles de lecture de l'Égypte Ancienne. Pourtant on se garde aisément de les croiser entre elles et n'avons gardé que celles qui « nous arrangent ». Il y a bien les hiéroglyphes qui aident à comprendre la chronologie du passé, mais force est de constater qu'il est impossible de démontrer l'aspect contemporain des glyphes avec les réalisations sur lesquelles ils sont apposés.

Partant de là, l'objectivité nous permet, que dis-je, nous oblige à tout considérer - théories classiques, alternatives, même loufoques - en espérant un jour trouver les bribes d'un embryon de vérité. Comprendre les tenants et aboutissants des deux mouvements de pensées, officiels et alternatifs, c'est comprendre que la vérité est encore loin. Que l'Histoire que l'on nous enseigne est peut-être plus éloignée de la bonne foi que ce que l'on pense. Le réel apprentissage historique se fait en deux temps. L'Histoire officielle d'abord, puis l'Histoire que l'on aperçoit à travers des portes qui nous semblaient encore fermées. En maitrisant les deux mamelles de l'approche historique, nous développons une nouvelle culture, plus profonde et terre à terre, par laquelle une prise de conscience est inévitable. Sans sombrer dans une course époumonée vers le sensationnalisme à outrance que je conteste férocement, cette nouvelle culture, grâce à la profondeur et le recul qu'elle permet, déploie maintenant ses ailes pour révéler un étincelant plumage de détails qui se montrent capitaux et essentiels.

Quelques précautions d'usage sont nécessaires avant de se lancer dans le périlleux exercice. Non pas qu'il soit dangereux, mais il faudra veiller à adopter une pratique consciencieuse et honnête, sans jamais penser que la quête de vérité puisse se faire en rejetant constamment les théories classiques. Ces dernières constituent un socle commun de connaissances disponibles à toutes et tous dont il faut se servir autant que faire se peut. Pour être un bon élève alternatif, il faudra d'abord passer par la case du bon élève classique. C'est en maitrisant le classicisme que les incohérences apparaîtront et livreront les secrets antiques voués à rester enfouis dans la complexe et frustrante réalité de ce que l'on appelle le dogme.

Le Guide Secret de l'Égypte Ancienne

Dans son chef d'œuvre visionnaire *1984*, Orwell balançait un grinçant « *Celui qui contrôle le passé contrôle le futur. Celui qui contrôle le présent contrôle le passé.* » Le totalitarisme de la pensée Orwellienne est d'une cruelle modernité et se vérifie aisément en étudiant l'Égypte Ancienne. Si l'on veut s'assurer que les générations de demain ne se posent pas de questions, il faut arriver à ficeler et cadenasser les esprits d'aujourd'hui pour les mouler dans un politiquement correct dénué de tout jugement. Heureusement, l'avènement d'internet permet de diffuser les démarches indépendantes mettant à mal ce mécanisme pernicieux qui ferme la porte à ce qui anime l'humanité toute entière : remonter vers nos vraies origines.

Alors essayons ensemble de nous lancer dans un monde mystérieux, officiel et non-officiel, en espérant déboucher sur une conscience historique supérieure qui nous exhaussera vers une vision libérée et anoblie par la mémoire des souverains égyptiens. Je vais vous prendre par la main avec mes mots. Les mots de l'honnêteté, de la sincérité, de la simplicité et des fois de l'humour. Se prendre trop au sérieux est la première indication que l'on a oublié qui nous sommes vraiment : des poussières d'étoiles insignifiantes à l'échelle cosmique. Rien de pire que ces égyptologues qui parlent d'idées invérifiables avec un sérieux inébranlable. Rien de pire que ces discours officiels alambiqués servant à déguiser doutes et incertitudes.

Aujourd'hui personne ne peut prétendre avoir de réponse sur ce passé majestueux. Alors arrêtons de soutenir mordicus ces hypothèses scolaires contrôlées et figées. Ouvrons nos consciences au chemin plus ambitieux, gratifiant, et peut-être infini, qu'est celui de la quête de vérité ! Ce chemin je souhaite que vous l'empruntiez en gardant l'état d'esprit indispensable au bon déroulement des opérations. Cet état d'esprit n'est pas contestataire. Ni en désaveu aveugle de l'égyptologie classique. Cet état d'esprit est simplement neuf, comme si vous n'aviez jamais entendu parler des pyramides et temples égyptiens. Ce n'est qu'à ce moment-là que votre vision deviendra objective.

Jan Niedbala

DAHCHOUR

LA PYRAMIDE ROUGE

À quarante kilomètres au sud du Caire, Dahchour est l'habituelle première étape des groupes que je mène en Égypte. Plutôt que d'aller dans l'évident en s'attaquant immédiatement à Gizeh, il m'a toujours semblé de bon aloi que d'aller d'abord saluer les pyramides de *Snéfrou*, père de *Khufu*, Khéops en français. Premier roi de la IVème dynastie, son règne est généralement déterminé par les académiques allant de -2613 à –2589. On peut donc en déduire la période supposée de construction des deux pyramides qui lui sont attribuées, la Pyramide Rouge et la Pyramide Rhomboïdale. Un détail vient déjà court-circuiter ce raisonnement officiel dans la mesure où les égyptologues, entre eux, ne sont pas d'accord sur ces dates de règne qui, rappelons-le, sont extrêmement précises alors qu'aucun écrit ne permet de les appuyer. Ils sont nombreux à avoir trouvé leurs propres dates...-2670 à -2620 (Krauss), -2649 à -2609 (Redford), -2614 à -2579 (von Beckerath), -2613 à -2589 (Shaw), -2600 à -2555 (Arnold), -2597 à -2547 (Dodson) [2]

Snéfrou, vous l'aurez peut-être remarqué, est le seul pharaon qui se serait fait construire deux pyramides. Une drôle d'idée pour des « tombeaux ». Le tronc dans l'un, les guibolles dans l'autre ? Pour justifier le double chantier pharaonique, nos livres d'Histoire prétextent un égo surdimensionné. La simplicité avec laquelle cette question est traitée ne peut que titiller la curiosité. Nous voyons ici une des premières, et plus grosses, pierres de l'édifice des doutes qui nous assaillent lorsque l'on pense l'Égypte Ancienne de manière rationnelle.

Khéops, *Khephren*, *Mykérinos*, une pyramide « tombeau » pour chacun, soit.

Mais *Snéfrou*, deux pyramides « tombeaux » ? Mettons de suite les plats dans le pied, oui enfin vous m'avez compris, en supputant qu'au lieu de tombeaux, ces pyramides auraient eu une autre fonction. Ceci expliquerait aisément la présence de deux pyramides sans remettre en cause les datations et donneurs d'ordre architecturaux.

Dans un souci de clarté, oublions les dates et considérations officielles pour nous focaliser sur le cœur de ce qui anime le site de Dahchour : les pyramides.

---

[2] *Dictionnaire des Pharaons* de Pascal Vernus et Jean Yoyotte

La Pyramide Rouge

Nous laisserons de côté la Pyramide Noire, œuvre d'*Amenemhat III* (-1842 à -1797), sévèrement érodée en raison de matériaux de qualité médiocre. En effet, cette dernière ne présente pas d'éléments permettant de souligner des traits remarquables ou inexpliqués. Nous laisserons aussi au bord du désert la pyramide découverte cette année (2017) pour laquelle des fouilles archéologiques ont été entreprises et dont les conclusions sont encore inconnues.

La Rouge et la Rhomboïdale, construites durant l'Ancien Empire, sont chacune le témoignage d'une civilisation absolument exceptionnelle et qui voient malheureusement leurs magnificences éclipsées par les Pyramides de Gizeh. Elles n'ont pourtant rien à leur envier. Que cela reste ainsi ! Nous nous délectons sans limite de la visite d'un Dahchour vide, sans touristes, nous ouvrant les bras et murmurant au creux de nos oreilles attentives « Prenez tout votre temps pour découvrir mes secrets ! » Ça tombe bien, c'est ce que nous comptons faire !

La Pyramide Rouge tire son nom de la forte concentration en fer et manganèse donnant une couleur rougeâtre aux blocs de calcaire qui la composent. Blocs de calcaire qui furent non-apparents une fois la construction finie lorsqu'eux-mêmes étaient recouverts d'un parement en calcaire de Tourah, carrière proche de la zone. Bien que troisième pyramide d'Égypte par ses dimensions (220 mètres de côté pour 104 mètres de hauteur) elle n'est pas sans rappeler la Grande Pyramide de Gizeh. D'un point de vue extérieur pour commencer. Un amas brut. Immobile. Posé là depuis toujours et pour toujours, à la différence près que la Pyramide de *Khéops*, composée des mêmes matériaux, n'a pas vu son calcaire riche en fer et manganèse teinter ses blocs. Il est probable que cette réaction, visible uniquement sur la Rouge ait pu être initiée par la réelle utilisation faite de la pyramide.

Descente dans la pyramide Rouge par son exigu couloir descendant

Quelle utilisation ? Il serait cavalier de se lancer dans de grandes théories, mais force est de constater que l'intérieur lui aussi n'est pas sans rappeler notre amie la Grande Pyramide de *Khéops*.

Après avoir arpenté un escalier moderne permettant d'accéder à l'entrée de la pyramide, les quadriceps (mais si enfin ! les muscles des cuisses !) en prennent un coup alors que nous descendons un couloir aux dimensions faisant taire tous partisans de la théorie des Géants : 120cm de large, 91cm de hauteur, 61 mètres de longueur, le tout incliné à 27 degrés. Une fois sortis du couloir, nous débarquons dans la première des trois chambres ouvertes au public.

L'entrée (ou la sortie, c'est selon) de chaque chambre ressemble en tous points à la « chambre du roi » de la Grande Pyramide de Gizeh : au-dessus du passage permettant de circuler entre ces chambres, est dramatiquement posé le plus gros monolithe de la pièce. Poids estimé : quarante-cinq tonnes.

Ce n'est pas tout. En levant la tête, nous découvrons des voutes en encorbellement, dans les deux premières chambres. On se croirait dans la Grande Galerie chez *Khéops* ! Un schéma architectural dont les récurrences ne sauraient être expliquées que par le hasard ou une supposée transmission de connaissances de *Snéfrou* à son fils *Khéops*.

Arrivée dans une des pièces de la pyramide Rouge

Lever la tête pour découvrir les somptueuses voutes en encorbellement

Cette voûte en encorbellement est également présente dans la troisième chambre. Mais c'est son accès, ou son absence d'accès pour être plus précis, qui pose problème aux esprits pleins de bon sens. Aujourd'hui, un escalier en bois construit récemment permet de grimper sur 7,60 mètres, hauteur à laquelle se situe l'entrée de cette troisième chambre.

L'escalier menant à la troisième chambre, normalement inaccessible

Le Guide Secret de l'Égypte Ancienne

Lorsque j'entamais mes recherches documentaires sur la Pyramide Rouge avant de visiter l'édifice pour la toute première fois - je ne donnerai pas l'année, ma perte de cheveux me rappelle suffisamment que le temps passe (trop) vite – je lisais systématiquement qu'il fallait passer deux « antichambres » dont la seconde mène à la « chambre funéraire ». Je m'étais donc conditionné à trouver deux pièces similaires, elles-mêmes différentes de la troisième. Que nenni ! Quelle ne fut pas ma surprise de découvrir que les trois pièces sont conceptuellement identiques. Pourtant, il semble que nous soyons obligés d'en considérer une des trois comme étant à part car, vous l'avez peut-être déjà oublié, nous sommes censés être dans un tombeau.

Tombeau dans lequel aucun sarcophage/corps n'a été retrouvé.

Tombeau déposé dans la salle funéraire située à 7,60m de hauteur, sans aucun accès apparent d'origine.

Certes, les égyptiens auraient pu construire un échafaud temporaire pour monter la dépouille de *Snéfrou*. Mais quid des voleurs de tombe ? Eux aussi maitrisaient la technique de l'échafaud temporaire ? Eh oui ! Il fallait bien que quelqu'un découvre et pille cette pièce, sans quoi nous y aurions découvert la fameuse dépouille manquante. Pourtant, personne n'y a jamais rien retrouvé malgré les fouilles engagées depuis plusieurs siècles. Cela n'a rien d'une tombe.

L'aspect le plus révélateur de cette troisième pièce apparaît comme un élément permettant de comprendre qu'aussi évolués que les bâtisseurs eussent été, ils semblent avoir réutilisé d'anciens sites préexistants. La chambre « funéraire » présente deux types de mégalithes qui corroborent cette idée :

- l'encorbellement et les murs, propres et encore « neufs ».
- le socle, anarchique, grossier et érodé, sur lequel sont construits les murs et plafonds.

Érodé ? Dans une pyramide, alors que tout le reste a tenu bon ? Nous sommes incontestablement face à deux époques de maçonnerie. Quelle qu'en soit la raison, les bâtisseurs de pyramides ont décidé d'intégrer à leur réalisation Rouge des pierres déjà présentes issues d'un édifice plus ancien. Avant la pyramide, ces pierres ont vraisemblablement été exposées aux caprices du temps, d'où leur érosion. Ce réemploi de site ancien n'est pas isolé et se confirme avec ce que nous verrons pour la base de la Pyramide de *Khephren*.

Preuve de réemploi avec une base aux pierres érodées.

Décidément cette théorie officielle de tombeau ne sent pas bon… d'autant plus que notre odorat est fortement sollicité par l'odeur d'ammoniaque omniprésente dans la pyramide. De l'ammoniaque ?

Petite digression scientifique pour expliquer en quoi cette odeur nous intéresse. Dans un monde où les énergies renouvelables deviennent un sujet de recherches primordial, un sujet moins souvent abordé, mais tout aussi critique, est celui du stockage de l'énergie.

En effet, nous nous faciliterions la tâche s'il était possible de stocker l'énergie excédentaire pour en disposer à la demande lorsque le besoin réapparaît. Pour ce stockage plusieurs solutions se présentent : stockage hydraulique, stockage au lithium ou à l'hydrogène. C'est ici que l'ammoniaque entre en piste.

L'ammoniaque gazeux (NH_3 – 1 azote pour 3 hydrogènes) pourrait se substituer à l'hydrogène, ou constituer un moyen de stockage de l'hydrogène. En effet, l'ammoniaque peut :

- être synthétisé à partir d'eau, d'azote atmosphérique et d'énergies renouvelables par le procédé Haber-Bosch en vue d'en créer des quantités industrielles.
- être stocké et transporté à l'état liquide.
- être utilisé comme carburant de transport : route, rails, avion, pour produire de l'électricité, et pour le chauffage, sans émission de CO_2, puisque sa combustion ne produit que de l'azote et de l'eau : $2\ NH_3 + 3/2\ O_2 \rightarrow N_2 + 3\ H_2O$ [3]

Et que dire des voûtes qui, selon certains ingénieurs acoustiques, auraient pu servir à amplifier des ondes et fréquences en vue de produire de l'énergie ?

Des éléments concordants qui osent soulever une question : cette pyramide aurait-elle servi à générer de l'énergie ? La générer et la transmettre ? La stocker ? En regardant la structure complète de la Rouge, son couloir étroit, ses chambres identiques aux voûtes improbablement complexes, la pièce du haut, inaccessible sans installation, il semble fort plausible que la pyramide servait une fonction que l'on ignore encore mais qui n'avait rien d'un tombeau. Une pyramide, construite, terminée, « livrée », activée, ne nécessitant aucune intervention vis à vis de son fonctionnement, en parfait état d'autosuffisance et d'auto-génération. Constatant le décalage entre la théorie des tombeaux et la réalité terrain, il n'est pas plus farfelu d'imaginer des gaz, liquides, ondes et fréquences virevoltant en tous sens, emprisonnés dans ces 1 700 000 mètres cubes de calcaire, et ce, quelle qu'en ait pu être l'utilisation finale.

---

[3] Article de Marcarmand - www.enerzine.com

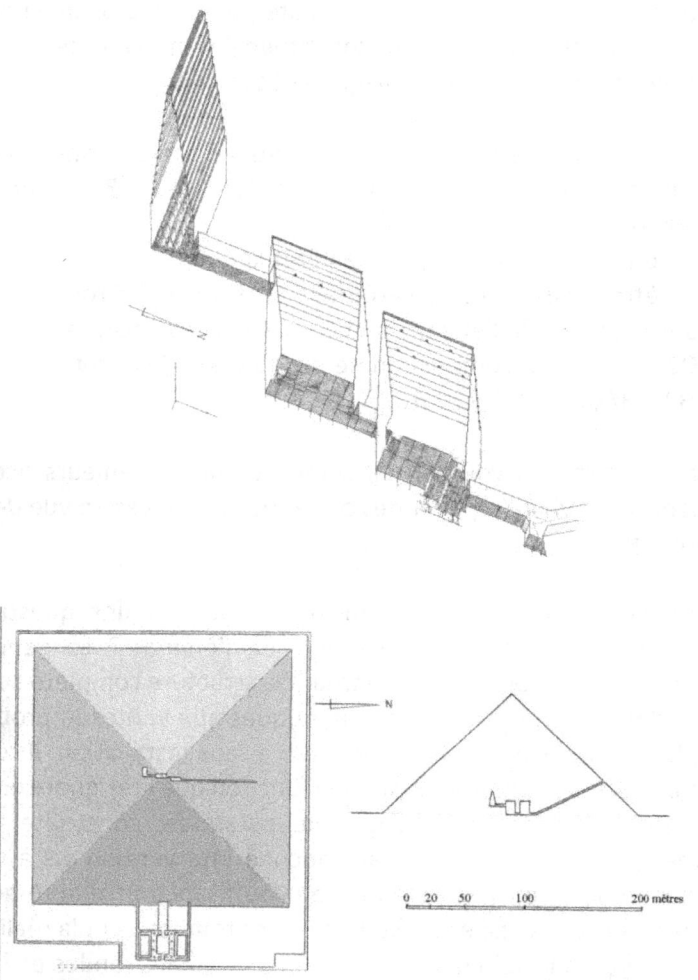

Schémas internes de la pyramide Rouge. Source : Wikipédia

Dernière petite note que je souhaite partager avec vous en guise de conclusion sur la Rouge : à chaque fois que je la visite, que la visite dure quinze minutes ou une heure, j'en ressors entièrement vidé. Amorphe, inutilisable, je ne saurais expliquer l'état dans lequel je suis pendant les deux heures qui suivent. Nul doute qu'il y a quelque chose de très spécial qui s'y passe au niveau des énergies, et cela pose des problèmes de compréhension aux cartésiens comme moi...

Idée de l'échelle de la Pyramide Rouge.

LE PYRAMIDION

Autour du Pyramidion

Autre curiosité, la présence sur le flanc Sud de la pyramide de ce que l'on appelle vulgairement un pyramidion, sorte de capuchon final pour clore l'érection de l'édifice. La présence des pyramidions en Égypte est rare, au point que celui de Dahchour soit le seul provenant de l'Ancien Empire, si l'on se réfère aux dates conventionnelles. Son utilisation finale reste cependant floue. Les angles d'inclinaison des parois ne correspondent pas à ceux de la pyramide pour laquelle il semblerait destiné. Que fait-il ici ? Sur quelle pyramide aurait-il dû être placé ? Certains prétendent qu'il s'agit de celle de *Khéops*.

C'est un égyptologue allemand, Rainer Stadelmann, en expédition avec son équipe à Dahchour en 1993 alors que le site est encore fermé au public (il n'ouvrira qu'en 1996), qui le premier rapporte l'existence de ce pyramidion. Non seulement, il en rapporte l'existence, mais il met le doigt sur ses dimensions. La hauteur du pyramidion est de tout juste un mètre. Ses côtés mesurent 157cm, ce qui fait que deux côtés additionnés mesurent un intrigant 314cm[4]. Ces mensurations proviennent d'une époque où ni le mètre ni les constantes universelles, dit-on, n'étaient connus, ce qui froisse sans ménagement le discours officiel qui invoque une simple coïncidence d'origine esthétique.

L'intérêt autour du pyramidion augmente depuis sa découverte, à tel point qu'en 2007 il est refait à neuf. Sous couvert de détériorations type graffitis ou inscriptions sauvages de visiteurs locaux, il a non seulement été refait à neuf, mais modifié totalement dans sa structure ! Un procédé bien curieux car sur le plateau de Gizeh les « tags » et autres « Ahmed + Hafida = Amour » sont légions sans que cela ne semble déranger quiconque. Et quand elles finissent par intervenir, les équipes de Gizeh se contentent de simplement, et logiquement, nettoyer la zone pour la rendre plus harmonieuse, sans ratiboiser des objets millénaires. Pourquoi diable ne pas appliquer le même niveau de zèle au pyramidion de Dahchour ? Le pyramidion que l'on peut voir aujourd'hui ne mesure plus un mètre de haut, mais 1m03 et ses côtés ont pris un centimètre, sans parler du fait que son aspect global a été totalement repensé.

---

[4] *Die ägyptischen Pyramiden, vom Ziegelbau zum Weltwunder*, Rainer Stadelmann, réédition.

Passant près de deux mois par an en Égypte, je sais à quel point les questions sans réponses dérangent mes interlocuteurs. Je ne peux m'empêcher de penser que cette rénovation brutale tire probablement ses origines dans les questions soulevées par les dimensions de l'objet originel, restées elles aussi sans réponses.

Les deux pyramidions. Avant et après. Source : Wikipédia

La Pyramide Rhomboïdale

Non loin de la Rouge, à peine deux minutes en voiture, la Rhomboïdale surplombe la zone avec prestance, et il y a de quoi. Cette pyramide est peut-être la plus belle de toute l'Égypte, arborant un parement de calcaire très peu endommagé qui nous rapproche dans ce qu'étaient ces réalisations une fois terminées.

La Pyramide Rhomboïdale est la seule pyramide présentant deux angles d'inclinaison différents. 54, puis 43 degrés. De cette différence découle son nom anglais de « *Bent Pyramid* », la pyramide penchée/tordue.

Plusieurs explications sont données pour ce changement d'architecture.

Certains égyptologues prétendent que les 54 degrés d'origine auraient demandé trop de matière, raison pour laquelle la construction aurait subitement changé au profit d'un angle moins ambitieux permettant d'alléger la logistique et de mener le projet à bien. Autre explication mise en avant, on suppose que les 54 degrés auraient commencé à mettre en péril la solidité de l'édifice. Neuf degrés d'inclinaison en moins et le tour était joué. Enfin, dernière hypothèse se rapprochant de la première : la mort de *Snéfrou* approchant à grands pas, les architectes se seraient retrouvés sous la menace d'un tombeau non achevé lors de la mort du pharaon. Seule solution, accélérer l'accomplissement du projet en réduisant son ampleur.

Bien des idées simplistes qui partent du sempiternel principe que les égyptiens ne bénéficiaient que de moyens rudimentaires, et qui ne tiennent pas compte des principes basiques d'architecture. En effet, je mets au défi les égyptologues de trouver un seul maître d'œuvre qui entamerait une construction si ambitieuse sans savoir en amont le déroulement précis des opérations dans leurs moindres détails. Un édifice à la complexité accrue, avec deux parties distinctes, ne peut tenir sans qu'on le considère dans sa globalité. La première partie à 54 degrés devra forcément se penser vis à vis de la seconde à 43 degrés, et inversement. Arguer du fait qu'en cours de route, il a été possible de changer le plan de la Rhomboïdale comme on change de zlip (hommage aux compatriotes de Stadelmann) est d'une incroyable suffisance qui relève presque de la science-fiction. Je considère même que c'est une insulte pour les bâtisseurs qui visiblement étaient capables de faire ce qu'on ne saurait reproduire à l'identique aujourd'hui. Les imaginer en pagnes, zieutant des supposés plans en papyrus (dont toutes traces ont disparu) serait attribuer bien trop de crédit à la chance, seule explication qu'un tel édifice changé à la vas-vite puisse tenir des milliers d'années. C'est aussi attribuer bien trop peu d'importance aux lois architecturales régies par des contraintes en tous genres. Contraintes physiques, matérielles, temporelles, constructives, de sécurité, délais de livraison (eh oui, *Snéfrou* devait mourir tôt ou tard), etc. La gestion des contraintes de construction d'une pyramide est un cauchemar. Les contraintes sont toutes intrinsèques au projet et ne peuvent être gérées indépendamment. Elles s'entrelacent. Gérer la contrainte A aura des répercussions sur la contrainte B qui devra alors être gérée en conséquence. Elles sont on ne peut plus coercitives pour les ingénieurs et architectes en charge.

Ces ingénieurs, d'ailleurs, de quels cursus émanaient-ils ? Je pose légitimement la question car il apparaît qu'ils étaient capables de prouesses phénoménales. En tête de peloton caracole le parement en calcaire. Ce parement, étrangement intact alors que les autres ont quasiment tous disparu, est d'une précision chirurgicale. Non seulement les joints entre pierres apparentes sont prodigieusement fins, mais l'arrière de ces blocs vient parfaitement épouser la forme des pierres brutes placées « en vrac » dès le premier niveau de profondeur.

Où que l'œil se déplace, il tombe nez à nez avec des parois d'une planéité spectaculaire. Le plus impressionnant reste peut-être le coin sud-ouest en bas duquel il est possible de se tenir debout, la tête levée vers le ciel infini, admirant les arêtes toujours aussi parfaites que le jour où l'œuvre fut achevée. Une perfection plutôt dérangeante tant elle mystifie tous ceux qui foulent le sol de Dahchour.

Perfection du parement

Une fois que l'on abdique face à tant de beauté, que l'on baisse la tête pour inconsciemment redescendre sur Terre, toujours dans ce coin sud-ouest, se trouve en face de nous la base, très endommagée. Cette pyramide, quasi intacte dans son aspect extérieur, est amputée du parement sur chacun de ses coins, dans les mêmes proportions. À l'instar des pyramides de Gizeh, la quantité de matière manquante est attribuée aux pillages des locaux qui seraient venus se servir au XIIIème siècle pour reconstruire la ville suite à un violent tremblement de terre. À noter qu'il s'agit là encore d'une de ces légendes urbaines qu'officiels et alternatifs répètent sagement sans se poser de question. En ce qui me concerne, j'attends toujours que l'on me montre un quelconque édifice fait d'un ou plusieurs de ces blocs de calcaire. Je ne dis pas qu'il n'y en a pas. Je dis simplement que personne ne sait où ils se trouvent alors qu'on devrait pouvoir les compter par centaines de milliers sur la superficie plutôt restreinte du Caire d'il y a huit cent ans... Bref, admettons que cela soit vrai. Ces locaux avaient visiblement une manière assez surprenante de réemployer l'édifice. Pourquoi s'attaquer uniquement aux angles en y retirant à chaque fois la même quantité (approximative) de matière ? Pourquoi ne pas continuer le travail entamé de part et d'autre de l'entaille d'origine en avançant latéralement sur les faces de la pyramide ? Une question que personne ne se pose, et qui semble n'avoir aucune pertinence. Je me permets donc de la soulever. Si les « égyptiens » étaient aussi pragmatiques qu'on les imagine, nul doute que leur démarche aurait été guidée par une économie de temps, d'efforts et d'erreurs. Là encore, les faits relevés sur le terrain ne corroborent pas les explications officielles données pour justifier l'édifice d'1 600 000 mètres cubes.

Pour les matheux qui auront suivi, vous avez pu calculer que la Rouge + la Rhomboïdale = 3 300 000 mètres cubes, soit 8 250 000 tonnes, si l'on considère la densité du calcaire à 2,5 tonnes/mètre cube (pour simplifier les calculs, la fourchette réelle allant de 2 à 2,8 tonnes suivant les types de roche[5]). Cela fait tout de même 750 000 tonnes de plus que la Grande Pyramide de *Khéops* ! Si Gizeh pose des problèmes depuis toujours, soyez-en sûrs, les pyramides de Dahchour ne sont pas en reste ! Nos amis Fernand Nathan et le National Geographic sont formels : la Pyramide de *Khéops* a été construite pendant son règne. 3 000 000 mètres cubes. Déjà, on a de plus en plus de mal à y croire. Mais son petit papa, le cher *Snéfrou*, a lui aussi eu droit à un tombeau construit pendant son règne. Deux tombeaux même ! 3 300 000 mètres cubes. Tout va bien...

Pour les non-matheux, veuillez pardonner mon outrecuidance chiffrée, on va parler vrai, rien que vous et moi.

Khéops = 3 000 000 de mètres cubes (au secours encore des chiffres ! !)

Rouge + Rhomboïdale = 3 300 000 mètres cubes

Empire State Building = 1 000 000 de mètres cubes

---

[5] www.mineralogie.fr

Stade de France = 980 000 mètres cubes

On est bon ? Vous percevez un peu mieux pourquoi ces réalisations n'ont absolument rien de normal et ne peuvent aucunement s'expliquer par les hypothèses aléatoires officielles ?

En route vers bien des mystères

Un de mes voyageurs, circonspect. Vous ne le voyez pas ? Si si regardez bien !

Ma pyramide préférée. Vous comprenez pourquoi, non ?

Mes voyageurs « fourmis » donnant une nouvelle idée de l'échelle

Mon groupe se répartit en binômes pour approfondir les tâches investigatrices

- *C'est anormalement lisse quand même*
- *...ouais...*

Beauté totale et éternelle

Le Guide Secret de l'Égypte Ancienne

L'équipe en route...

... pour analyser le parement

Jan Niedbala

Je me décarcasse pour vous ramener les plus belles images

Le groupe s'apprêtant à monter dans la Rouge

Le Guide Secret de l'Égypte Ancienne

Parement de folie !

Motivés, passionnés et pressés !

Jan Niedbala

SAQQARAH

LES PYRAMIDES DE DJOSER ET OUNAS

Une fois n'est pas coutume, Saqqarah fait partie de ces sites moins connus du grand public. Une fois n'est pas coutume, Saqqarah est connu pour être un complexe funéraire doublé d'une pyramide (à degrés). Une fois n'est pas coutume, Saqqarah possède un intérêt majeur que personne ne visite. Et une fois n'est pas coutume, rares sont ceux qui s'intéressent aux éléments pour lesquels nous n'avons pas d'explication et/ou qui viennent déstabiliser les discours bien-pensants.

Lové entre Dahchour et Abousir, remontant à la première dynastie égyptienne (environ -3200), le site de Saqqarah attire l'attention des voyageurs grâce à sa pyramide à degrés, visible depuis l'axe urbain qui y mène. Il s'agit de la Pyramide de *Djoser* (ou *Djéser*) qui régna durant la IIIème Dynastie vers -2600. Elle fut notamment le théâtre de rites sacrés. Les rois égyptiens sont souvent représentés portant une queue de taureau accrochée à leur ceinture. Au cours d'une parade prédatrice ayant lieu devant la Pyramide de *Djoser*, le roi devait capturer le taureau sauvage, un acte symbolique, montrant la maîtrise de l'ordre (la Maat) sur les éléments sauvages. Acte primitif s'il en est que nous ré-aborderons plus tard dans ce guide[6]. Cette pyramide, œuvre de l'architecte *Imhotep*, serait donc la première érigée aux temps pharaoniques. Cette supposition est contestée par d'autres pyramides, quasi anonyme.

Un total de seize autres rois dynastiques ont construit des pyramides en Égypte. Leurs états de conservations sont variables. Les pyramides les moins bien préservées sont devenues « inintéressantes ». Véritable erreur. L'une d'entre elles présente des caractéristiques étonnantes qui ne sont pas sans rappeler ses cousines de Gizeh et Dahchour. Nous parlons de la Pyramide d'*Ounas*.

Avant d'attaquer le plat principal, rappelons un élément essentiel à la compréhension des chronologies architecturales à travers le monde. Plus les constructions sont anciennes, plus elles sont massives. Plus les constructions sont anciennes, plus elles sont brutes, sans artifices ou inscriptions (hiéroglyphes, par exemple). Plus les constructions sont anciennes, plus les joints sont fins, presque invisibles, comme miraculeusement issus de la science sacrée que nous tentons encore aujourd'hui de décoder.

L'Égypte est un pays qui permet clairement de comprendre cela grâce à des dizaines d'édifices aux bases structurelles mégalithiques n'ayant pas bougé d'un iota depuis des millénaires. Leurs récurrences architecturales permettent clairement d'asseoir les liens chronologiques qui rejoignent la plupart des datations officielles. Toutefois, certains édifices présentent une décrépitude avancée du « corps » de la pyramide (posé sur la base

---

[6] *Cf Chapitre 3. Abou Ghorab*

mégalithique) en raison de la piètre qualité de l'assemblage et des matériaux en présence. Cette rupture tend à démontrer que les parties en ruines ne seraient pas contemporaines des bases. Les édifices construits avec une approche mégalithique l'ont été faits intégralement de la base au sommet. Ce constat est également valable pour les constructions andines comme Sacsayhuaman ou Ollantaytambo, au Pérou. De fait, en Égypte ou en Amérique du Sud, si une base mégalithique se voit surmontée d'un ensemble de pierres de petites tailles n'ayant pas tenu l'épreuve du temps, tout porte à croire que nous sommes témoins d'un réemploi de site par des bâtisseurs aux capacités techniques inférieures. C'est le cas de la pyramide d'*Ounas*. Deux conclusions possibles s'ouvrent donc à nous :

- Si la base mégalithique date effectivement de la Vème dynastie (-2500 à -2300), le réemploi serait alors « récent ».
- Si le réemploi date de la Vème dynastie, la base serait alors issue d'une époque plus reculée, prédynastique.

La pyramide d'Ounas. Base mégalithique intacte. Réemploi modeste du reste de la pyramide qui n'a pas tenu.

La fameuse pyramide de *Djoser*, elle, n'est pas une pyramide au sens égyptien du terme. Elle comporte des degrés (« marches » en anglais, « Step Pyramid ») constitués de pierres de tailles et qualités banales. Aucun signe des blocs gigantesques qui caractérisent si bien les toutes premières constructions pharaoniques. Suivant la logique expliquée plus haut, il semble improbable qu'elle soit plus ancienne que Gizeh ou Dahchour. Ces dernières sont restées immobiles alors que *Djoser* n'a pas réussi à subir sereinement le poids des siècles. Si bien qu'elle fait l'objet de réparations qui durent presque depuis près de cent ans.

À la mention de ces réparations, je ne peux m'empêcher d'hurler de rire en repensant à ce qui s'est récemment déroulé sur le site.

Bien souvent m'est présenté comme contre-argument à l'approche alternative que les égyptologues, archéologues et autres corps de métiers impliqués dans ces recherches sont des professionnels aux expertises que nous sommes loin de maîtriser, nous les païens de l'archéologie. Si tant est que l'on occulte la logique, le bon sens et l'intuition, moteurs éternels de découvertes, je dirais que cela est plutôt vrai. À deux différences près.

La première, c'est qu'il est aujourd'hui impossible d'obtenir des autorisations de la part des instances égyptologiques pour ceux qui, honnêtement, souhaiteraient effectuer des travaux dont la visée diffère des dogmes enseignés. Là encore, sujet houleux qui mériterait son propre ouvrage.

La seconde, et je me gausse en l'écrivant, est difficile à croire. Pourtant elle est tragiquement véridique, révélant les symptômes du monde dans lequel nous vivons.

Imaginez plutôt. Une équipe japonaise est en charge de la rénovation de cette *pyramide à degrés*. Les travaux se déroulent sur son premier niveau, avant de s'arrêter brusquement. La raison ? S'il vous plait, asseyez-vous avant l'annonce tonitruante ! Sur plus des deux tiers de sa longueur, soit près de soixante-dix mètres, nos chers « professionnels » nippons supervisés par les « professionnels » égyptiens ont malencontreusement... LISSÉ les deux premiers niveaux de la pyramide ! Oui, vous avez bien lu ! Sur la zone travaillée, premier et second niveau de cette pyramide millénaire ne font plus qu'un. On croit rêver ! Ces sont ces mêmes ingénieurs, architectes, maîtres d'œuvre, et signataires responsables qui nous sont présentés comme les seuls pontes ayant la légitimité de déterminer l'écriture de notre passé, et visiblement aussi, de le détruire. Chacun en tirera les conclusions qu'il voudra…

Face sud de la Pyramide de Djoser, défigurée par l'odieuse restauration

Faces sud et est de la Pyramide de Djoser

L'ignominie en gros plan

La logique officielle explique que plus c'est petit, plus c'est ancien et qu'à force d'abnégation et de pratique, les techniques ont évolué pour passer de la frêle et simpliste *Djoser* à la complexe et massive *Khéops*. *Why not*, me direz-vous ! Mais alors, quid de ce qui suivi à l'époque ?

Après une fulgurante montée en compétences qui aura pris moins de sept cents ans, l'égyptologie reconnaît que les pyramides de Gizeh marquent le point de départ d'un déclin progressif et continu. Les pyramides deviendront de plus en plus petites, de moins en moins bonne qualité, avant de disparaître totalement après la XVIIème dynastie pour laisser la place aux sublimes temples pharaoniques. Où sont donc passées l'abnégation et la pratique qui avaient un temps permis de développer l'ingénierie nécessaire à l'édifice de Gizeh ? Pourquoi l'évolution n'a-t-elle pas… évoluée ? Ne devrait-on pas voir dans le schéma chronologique de l'Égypte Ancienne un fil rouge aisément décelable ? Après tout, c'est ça l'évolution, non ? On commence, on essaie, on rate, on améliore, on réussit, encore et encore, en vue de repousser sans cesse nos limites. Le « propre » de l'Homme. Il n'en est rien en Égypte.

Nous sommes face à une poignée de pyramides qui dépassent l'entendement : *Rouge*, *Rhomboïdale*, *Khéops*, *Khephren*, *Mykérinos*, etc. Puis, pendant un millénaire, apparaissent des dizaines de pyramides ne répondant plus aux impressionnants critères architecturaux des (presque) intactes œuvres susnommées, et finiront par progressivement s'effondrer. L'évolution serait-elle finalement régressive ? Face au déclin apathique de notre civilisation moderne qui se rattache désespérément à la technologie pour améliorer son quotidien, nous pourrions arguer que oui, mais là n'est pas la question.

Quid de la genèse de tout cela ? Où sont les premiers essais qui ont amené à *Djoser* ? Où sont les essais évolutifs ayant mené aux pyramides de Gizeh ? Où trouve-t-on la naissance de cette civilisation ? Pourquoi sommes-nous face à cette implacable et illogique réalité : l'Égypte est née en étant déjà au sommet de son art. Toutes ces questions sont décriées par les égyptologues qui ne leur reconnaissent aucune utilité. Par conséquent aucune réponse satisfaisante n'est apportée.

Au sein du courant alternatif de l'égyptologie, le consensus renvoie à une civilisation bien plus ancienne que ce que décrivent les livres. Certains parlent de pré-dynasties plus évoluées. D'autres l'appellent l'Atlantide, dont le mythe est rapporté de prêtres égyptiens par Solon[7], Hérodote[8], Pline l'Ancien[9] ou encore Diodore de Sicile[10]. Dans tous les cas nous serions face à un peuple spirituellement et techniquement évolué qui finit par disparaître avant de souffler sur les minces braises restantes à partir desquelles il tentera de raviver le foyer civilisationnel dont il est issu. La datation de l'évènement cataclysmique qui aurait engendré cette rupture est complexe et nous reviendrons dessus plus tard. Pour l'heure nous nous contenterons de lister les faits relevés sur les sites égyptiens qui viennent corroborer cette hypothèse, en commençant par Saqqarah.

Toutes les pyramides qui ont suivi celles de Gizeh et Dahchour présentent des caractéristiques communes permettant sans hésiter de les lier à une même époque dynastique. Ces caractéristiques communes sont les suivantes :

- dimensions modestes
- bases mégalithiques intactes
- corps effondrés voire disparus

Je n'attribue personnellement aucune légitimité aux hiéroglyphes trouvés sur certaines pyramides. Contrairement à la logique classique admise, leur présence ne prouve pas qu'ils aient été gravés par les bâtisseurs de pyramides. Si tel était le cas nous devrions en avoir partout, y compris Gizeh et Dahchour. Ce n'est pas le cas. Je m'en remets plutôt à ce que disent tous ces jolis cailloux. Voilà mon raisonnement sur la réelle chronologie des événements et je fais l'impasse sur l'exactitude des dates qui sont impossibles à déterminer, ainsi que les différentes appellations des peuples concernés.

Un peuple de haute qualité, au sommet de son chemin évolutif possède les connaissances architecturales et technologiques (qui ne

---

[7] *Le Timée* et *Le Critias*
[8] Enquête, IV
[9] Histoire naturelle, VI
[10] Bibliothèque historique, III

veulent pas forcément dire machines) nécessaires à la construction des pyramides. L'approche de ce peuple est mégalithique. Des pyramides sont construites un peu partout sur une zone allant d'Abou Rawash à Dahchour. Suite à un événement, ou une série d'évènements, cette civilisation disparaît en grande partie. Sa disparition laisse derrière elle les pyramides, glorieuse mémoire de son apogée. Le brusque drame qui décime cette civilisation détruit les pyramides les plus frêles, et endommage les plus massives. Les survivants repartent de zéro, tout en ayant connaissance de ce qu'ils étaient capables de réaliser. Ils décident de réutiliser ces sites et reconstruire les pyramides avec leurs capacités, à nouveau primitives. Le résultat est cohérent : les pyramides présentent toutes des bases d'origines, faites d'immenses blocs encore solidement ancrés dans le sol, sur lesquelles on est venu restaurer les parties manquantes. Depuis, ces restaurations faibles et grossières se sont effondrées ou grandement détériorées.

Dernier point important : pourquoi leurs capacités seraient-elles redevenues primitives ? Si, demain, vous et moi faisions partie d'un noyau de rescapés à la disparition de l'Homme moderne, hormis les architectes, maçons et ingénieurs, aucun d'entre nous ne serait capable de reconstruire nos immeubles. Chacun saurait qu'il s'agit d'une connaissance dont bénéficiait notre propre peuple hier encore, mais dont nous avons perdu la maîtrise technique.

Comme nous l'avons vu dans le chapitre sur Dahchour, et comme nous le verrons dans celui de Gizeh, il apparaît que les bâtisseurs de pyramides eux-mêmes avaient réemployé d'anciens sites préexistants. Une question me tarabuste : y-aurait-il eu plusieurs disparitions civilisationnelles ? Si oui, ces disparitions sont-elles cycliques, voire inévitables, ou s'agissait-il de vagues migratoires antiques qui expliqueraient certaines similitudes inexpliquées à l'échelle mondiale ?[11]

---

[11] cf chapitres Pyramides de Gizeh, Abydos, et le Grand Sphinx

Face est de la Pyramide d'Ounas. Base mégalithique. Restauration aux pierres modestes. Effondrement.

Face nord de la Pyramide d'Ounas

Gizeh : pyramide secondaire dite « de la Reine ». Base mégalithique. Restauration aux pierres et assemblage modestes.

Dahchour : Pyramide secondaire au sud de la Rhomboïdale. Restauration aux pierres et assemblage modestes.

Montrant à mon groupe les détails de cette gigantesque base

LE SERAPEUM

Le Serapeum, un site bien gardé !

Le Guide Secret de l'Égypte Ancienne

Le Serapeum : un des sites majeurs pour lesquels les explications officielles semblent trop simplistes face à la complexité du lieu. Ce souterrain ne déroge pas à la règle : nous ne voyons quasiment jamais aucun touriste. Un réel blasphème tant il secoue les fondements des plus sceptiques.

Je me souviendrai toujours de ce matin frisquet de janvier marquant le premier des douze jours se profilant à l'horizon du nouveau groupe que j'embarque dans cette enquête grandeur nature. Alors que je descends les marches qui mènent à l'entrée de ce complexe souterrain, j'apprends à découvrir les personnalités passionnées de ceux qui m'ont rejoint, ainsi que celles de leurs conjoint(e)s. L'une d'entre elles peine à se livrer. Légèrement sur ses gardes, elle semble attendre de voir de ses propres yeux plutôt que de céder à l'habituelle spéculation du microcosme internet ou simplement celle du groupe déjà surexcité par la découverte de ces lieux. Ingénieure, habituée à gérer les contraintes souterraines de la construction de tunnels, ce le qui était sceptique il y a encore quelques instants tombe des nues. Je cherche à comprendre ce qu'elle « voit », mais force est de constater qu'elle est trop bouche bée pour émettre le moindre son explicatif. Une fois ses esprits recouvrés, elle se contentera de dire qu'elle « ne comprend rien ».

Ce qu'il faut comprendre c'est que le Serapeum fut creusé directement dans le substrat rocheux calcaire. Le simple creusage ne représente pas un exploit en soi. Cependant le complexe de tunnels, lui, présente des aspects qui rivalisent avec les techniques modernes. Notre ingénieure sur le qui-vive ne manque d'ailleurs pas de le souligner. Je me permets un rapide affront et demande au guide local comment ils ont pu éclairer sous terre afin d'appréhender de manière sereine l'avancée des travaux.

« Avec des lampes à huiles » dit-il. La quantité de lampes à huiles nécessaires à l'éclairage du projet, combinée à leurs durées d'utilisation et la bassesse des tunnels (environ quatre mètres), je suis surpris de ne voir aucune trace noire au plafond. Absolument aucune.

Oubliant brièvement l'omerta qui enveloppe toujours aussi délicatement les techniques de constructions utilisées, je me permets un second affront. Est-ce que les constructeurs, bâtisseurs, possédaient une source d'énergie permettant d'éclairer sans brûler quelconque matière ? À huit mètres sous terre, sans le moindre rayon de soleil, je souhaite depuis longtemps que l'on m'indique la manière grâce à laquelle le creusage des tunnels fut possible. Il y a forcément un moyen, une technique, une technologie que l'on ignore. Preuve en est, ces vingt-quatre cuves présentes qui laissent pantois les plus fervents souscripteurs aux hypothèses officielles dont faisait partie notre chère ingénieure il y a quelques heures encore.

Échelle disproportionnée

Découvert en 1851 par Auguste Mariette, le Serapeum est connu pour ces vingt-quatre coffres de granit. Les récits de ses recherches *in situ* ayant tragiquement « disparu », il est compliqué de distinguer le vrai du faux dans les contes pour enfants qui sont enseignés.

L'on dit, que ces vingt-quatre coffres monolithiques de granit noir étaient des sarcophages ayant servi à accueillir des momies de bœufs sacrés. De ces momies, Mariette dit en avoir trouvé une seule qui serait aujourd'hui au Musée de l'Agriculture du Caire. Les autres coffres, vides, auraient été pillés avant l'arrivée de Mariette[12]. Flûte alors !

---

[12] A. Dodson dans *The Eighteenth Century discovery of the Serapeum*

Un homme tient debout sous le couvercle

In ze cuve/coffre

Ces vingt-quatre coffres, présentent des dimensions et traits spectaculaires.

En moyenne, ils pèsent 50 à 70 tonnes pour le socle, et 10 à 30 tonnes pour leur couvercle. Leurs dimensions moyennes sont de 4,2 mètres de longueur pour 2,3 mètres de largeur et 3,40 mètres de hauteur[13]. Belles bêtes, non ?

Parmi eux, seul un coffre fut retrouvé avec le couvercle intact, dans sa position initiale scellée. Malgré les efforts consentis par l'équipe de Mariette, impossible de bouger le couvercle. Seule solution, chère à Caviglia qui s'est amusé avec pour créer l'immense brèche hideuse de la Pyramide de Mykérinos, la dynamite.

Un petit boom et puis s'en va ! Manque de bol, dans le seul coffre intact dont on pourrait légitimer le contenu pour démontrer la théorie des sépultures bovines, Mariette et ses sbires ne trouvent…rien !

Résumons la situation. 1851. Vingt-quatre coffres. Vingt-deux sont entr'ouverts et vides. Un renferme une momie de bœuf dont l'existence reste à prouver. Le dernier est scellé, intact, d'époque, que l'on fait sauter à la dynamite avant de constater la triste réalité : lui aussi est vide.

Conclusion ? Les vingt-quatre coffres étaient des tombeaux pour bœufs sacrifiés en hommage au Dieu Apis, le taureau sacré de la mythologie égyptienne. Cela semble être une manière maladroitement commode de sauver un contexte de flou intégral. Je comprends maintenant pourquoi Bison Futé n'existait pas au XIXème siècle : les égyptologues de l'époque maîtrisaient parfaitement l'art du raccourci !

---

[13] Mathieson, I., Bettles, E., Clarke, J., Duhig, C., Ikram, S. et Maguire, L. dans *The National Museums of Scotland Saqqara survey project 1993-1995.* Journal of Egyptian archaeology.

Exploration du coffre d'origine retrouvé fermé et vide

Pis encore, cette conclusion ne fait qu'effleurer les problèmes soulevés par le Serapeum.

Problèmes que Christopher Dunn, ingénieur aéronautique, n'a pas peur d'aborder dans ses articles où il donne certains résultats d'expériences menées sur le site. Voici un extrait d'article traitant des résultats de tests de planéités effectués en Égypte ayant donné un écart avec la perfection de… 0,2 millimètres !

« Les coffres du Serapeum présentent les mêmes caractéristiques que le sarcophage présent dans la Pyramide de Kheops. Pourtant le Serapeum est daté de la XVIIIème Dynastie, soit plus d'un millénaire après la pyramide en question, à une époque où la qualité du travail de la pierre était déjà en fort déclin. Étant donné que les datations ont été basées sur des vases et artefacts retrouvés sur place, et non pas les coffres eux-mêmes, on peut logiquement penser que cette datation n'est pas fiable. Ces caractéristiques montrent que les constructeurs de

coffres étaient dotés de moyens, connaissances et savoir-faire similaires à ceux qui ont bâti la Pyramide. Toutes ces réalisations montrent une utilisation qui dépassait allégrement le stade simpliste de sarcophage. Leur finition est de très haute qualité. Les coins sont remarquablement aigus, considérablement plus que ce que l'on est en mesure d'attendre lorsque l'on est face à une réalisation si ancienne. (…) Certains académiques pensent qu'une approche moderne des questions techniques de réalisations antiques est à exclure. Les chercheurs égyptologues, eux, n'ont pas le bagage nécessaire pour appréhender les niveaux de précision constatés qui sont par conséquent absents de la littérature classique. En tant qu'ingénieur possédant quarante années d'expérience dans la réalisation d'objets de précision pour usinage moderne, ce que nous avons sous les yeux en Égypte mérite une attention toute particulière, ainsi qu'une reconnaissance accrue. En effet, personne ne projette de réaliser de telles prouesses sans que l'utilisation même des objets ne les nécessite. La conceptualisation même d'une telle précision ne traverse pas l'esprit de l'artisan si elle n'est pas requise par l'objectif final de la réalisation. La seule autre raison envisageable serait que les outils utilisés soient incapables de produire autre chose qu'un résultat aussi précis. Dans tous les cas, nous sommes face à un peuple qui est bien plus avancé et évolué que ce que l'on décrit aujourd'hui. Je suis convaincu que ces réalisations sont des preuves tangibles de la présence en Égypte Ancienne d'une civilisation supérieure à ce que l'on nous a toujours appris. » [14]

XVIIIème Dynastie disent-ils ? Comment peuvent-ils le savoir ? Je vais vous le dire. Comme pour la momie, il y a un coffre sur vingt-quatre qui comporte des hiéroglyphes sur ses parois, donc…on peut en déduire la datation ferme et définitive de l'ensemble de ce mystérieux souterrain. Non ? C'est pourtant la conclusion tirée. Ce n'est pas tant l'extrapolation et la simplification à outrance de la datation qui gênent, mais plutôt l'incohérence qu'elle constitue lorsque l'on croise les éléments tangibles présents sous nos yeux et sur ce coffre hiéroglyphé.

---

[14] Chris Dunn sur son site internet officiel www.gizapower.com

Vous le constaterez sur les photos, le niveau de réalisation est très poussé. À tel point qu'il est difficilement compréhensible de déterminer comment ces coffres ont été faits, un peu à l'instar de certains hiéroglyphes taillés dans le granit de statues égyptiennes. En ce qui concerne les hiéroglyphes présents au Serapeum par contre, c'est une toute autre histoire. Sans conteste, nous avons là parmi les glyphes les plus médiocres de tout le pays. Cela saute aux yeux. Dire que la qualité des glyphes est radicalement inférieure à celle de la réalisation sur laquelle ils sont apposés est un doux euphémisme.

Les traits sont irréguliers, grossiers. La précision de taille est omni… absente. Aux yeux du site dans sa globalité, un travail proprement ridicule. Tellement ridicule, qu'on ne peut en tirer qu'une seule conclusion : ces hiéroglyphes ont été faits des milliers d'années après le coffre lui-même.

Quand je dis « des milliers d'années » ce sont des termes choisis avec précaution. Il ne fait aucun doute que ces hiéroglyphes ne soient pas l'œuvre des « égyptiens ». J'en veux pour preuve la qualité des hiéroglyphes présents ailleurs dans le pays. Leur qualité de réalisation varie de « parfaite » à « très bonne ». Cependant, aucun ne présente un niveau de réalisation si ridiculement faible qu'il ferait honte à Hatshepsout, comme cela est le cas au Serapeum ! S'ils n'ont pas été faits par les égyptiens, qui donc a osé tant se rabaisser, et fut-ce volontaire ?

Surface parfaitement polie, recouverte de hiéroglyphes grossiers

J'émets une autre hypothèse : celle de la fraude intellectuelle.

Nul besoin de crier au scandale sémantique. J'ai dit fraude « intellectuelle », pas « scientifique ». Nous mettant à la place de Mariette et son équipe, nous pouvons aisément comprendre à quel point tout ce petit monde fut déstabilisé. Le brouillard dans lequel naviguait l'équipe constituait une occasion en or de s'attribuer une découverte dont la légitimité n'a d'égal que ce que l'on veut bien lui faire dire.

Imaginez un instant ces dizaines de personnes ayant parcouru des milliers de kilomètres, incapables de donner la moindre explication significative du site fraîchement découvert. Avouer son impuissance serait un aveu tonitruant pour la carrière de Mariette, n'est-ce pas ?

Pas forcément. Pas si Mariette décide, de concert avec ses chercheurs maîtrisant les hiéroglyphes, de prendre le temps de recouvrir les coffres d'inscriptions. Elles seront ensuite traduites et publiées, donnant une signification au site pour le bonheur de toutes et tous. Si la fraude scientifique sévit dans les petits labos de notre pays pourtant épargnés par les enjeux financiers, on peut aisément imaginer que le poids de « l'obligation de résultat » pèse au point qu'un chercheur opportuniste voit là une occasion bénie de se faire un nom.

Face à la grossièreté de ces hiéroglyphes, nul doute que le travail nécessité fut fastidieux, long, réalisé par des personnes soit incompétentes, soit sous-équipées pour s'attaquer à du granit noir. Un travail si fastidieux qu'il fut interrompu après le premier coffre. Après tout, pourquoi passer autant de temps à couvrir les vingt-trois autres coffres ? Une série de faux hiéroglyphes et une soi-disant momie suffiront à rajouter un joli paragraphe dans les bouquins d'Histoire, non ?

Des humains face à une « réalisation des Dieux »

Nous ne faisons là que supposer, et nous ne saurions nous permettre d'accuser quiconque. Mais nous connaîssons tous les égos des haut placés comme pu l'être Mariette en son temps. Nous avons aussi vu ensemble les nombreuses zones d'ombre et incohérences qui émanent du Serapeum. Combinant ces deux points, et face aux maigres indices à partir desquels ont été déduites les datations et explications de ce site, il n'apparaît pas improbable que faute de résultats probants, Mariette ait créé des hiéroglyphes pour s'attribuer la découverte mais surtout l'interprétation et la « compréhension » du Serapeum.

Une chose est certaine : si cette hypothèse frauduleuse n'est pas la bonne, il n'en reste pas moins vrai que ces hiéroglyphes ne peuvent absolument pas être contemporains des coffres eux-mêmes. Nous avons une écriture primitive gravée sur une surface aux caractéristiques avancées.

Mais continuons notre chemin au gré des alcôves abritant les coffres et allons nous pencher à présent sur l'aspect technique de ces réalisations qui semblent parfaites, et venues d'un autre monde.

Une fois de plus les avis sur la question sont aussi partagés que tranchés.

Les égyptologues nous disent qu'un lent travail abrasif *in situ* a permis d'obtenir le poli exceptionnel de ces cuves aux parois anormalement planes. Certains partent directement dans les théories extraterrestres. D'autres, comme Brien Foerster, spéculent sur l'utilisation de technologies avancées.

Les deux derniers cas font évidemment abstraction de la culture, de l'héritage et de la mythologie égyptienne. À travers notre Histoire il a toujours été courant que les peuples développent des rituels élaborés, chronophages, afin de servir les cultes auxquels ils se vouent. Le taureau Apis fait partie des créatures les plus vénérées qui soient. Les égyptiens auraient remué ciel et terre pour servir son rayonnement sacré. S'en remettre à des technologies disparues éclipse également le réel niveau de conscience et connaissances des anciens égyptiens.

Mais ce n'est pas pour cela que la théorie officielle puisse tenir l'épreuve de la pratique.

En effet, le travail *in situ* des coffres n'est pas possible. Pour cela il faudrait que des hommes puissent tenir debout avec suffisamment de recul pour accomplir leurs tâches. Parmi les vingt-quatre alcôves, quatre d'entre elles ne permettent pas qu'un homme se tienne debout ou de profil entre le bloc et la paroi. A fortiori, il est impossible que des hommes y aient frotté du granit pendant des mois pour le façonner. Il faut donc chercher la solution ailleurs. Trop massifs pour le Moyen Empire, trop bruts pour les périodes hiéroglyphiques, ces sarcophages ne ressemblent pas à ce qu'ont produit les pharaons. Si une civilisation égyptienne prédynastique a vu le jour, il y a fort à parier que ces cuves en sont issues.

Comment ces blocs ont-ils été fabriqués, trainés sous terre, puis placés ici ? Un mystère ! J'ai cependant découvert en décembre 2015 un petit détail qui donne une idée du niveau de sophistication des méthodes employées.

Vous avez tous déjà renversé un verre d'eau sur une table. Le liquide se répand jusqu'au bord de la table et coule le long de l'arête. Généralement le liquide renversé poursuit son chemin sous la table sur quelques millimètres avant que la gravité ne s'exerce et que l'eau goutte sur le sol. Vous me suivez toujours ?

Le poli des couvercles présente exactement ce type de traces. S'il est trop compliqué de savoir comment les monstres de pierre ont été faits, on en sait plus sur la manière dont ils ont été finis.

Ce simili époxy en dit long sur la maîtrise des alliages de l'époque. Ce n'est pas tant la conception et l'application de l'alliage qui surprend, mais bien la manière dont il a résisté à travers les millénaires. De quoi peut-il être composé ? Tout comme les analyses granitiques que je souhaite effectuer à Karnak[15] il faudrait ici pouvoir échantillonner la substance inconnue. Un alliage intemporel n'a rien de surprenant quand on connaît le niveau scientifique des anciens sans omettre le fait que l'Égypte est une terre sur laquelle est née l'alchimie.

---

[15] Cf Chapitre 9. Échantillons de granit à prélever pour déterminer la vraie nature de la roche et les éventuelles altérations subies.

Mes voyageurs découvrent à leur tour le mystérieux enduit

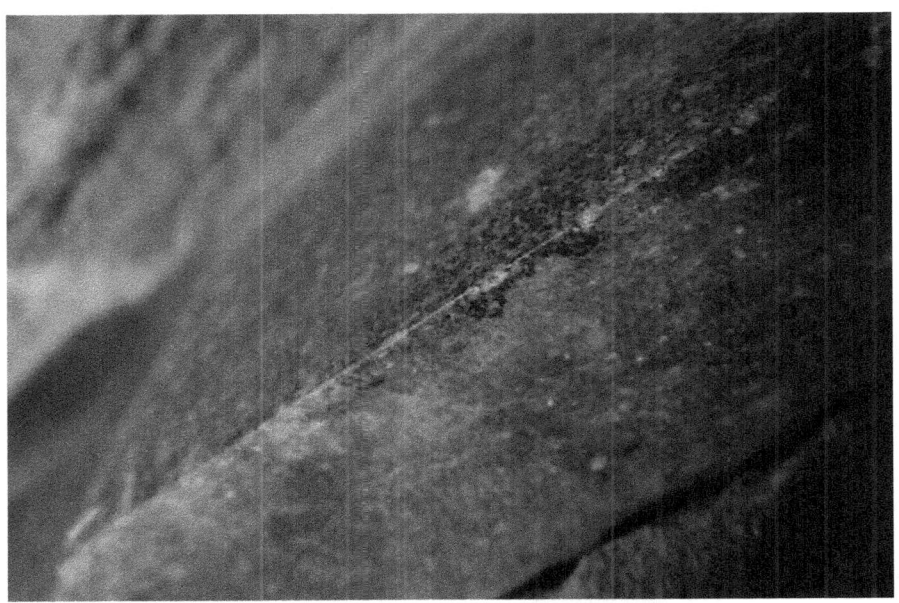
Trace évidente d'un alliage appliqué sur la surface du sarcophage.

Les anciens appelaient leur pays « KMT » où vivaient les Kémites, premier peuple d'« Égypte » dont la tradition orale remonterait à 86 000 ans. Le nom KMT trouve sa source dans le mot Al-Khem, signifiant *terre noire*[16], duquel a dérivé le terme *alchimie*.

Alchimie que l'on retrouve dans la Table d'Émeraude, un des textes les plus célèbres de la littérature alchimique et hermétique. Composée de quatorze formules allégoriques, dont la fameuse correspondance « *Ce qui est en bas est comme ce qui est en haut, et ce qui est en haut est comme ce qui est en bas* », la Table d'Émeraude aurait été retrouvée dans le tombeau d'Hermès Trismégiste. Combinaison légendaire hellénistique (l'Antiquité de -323 à -31) du dieu grec Hermès et du dieu égyptien, Toth Hermès Trismégiste est le fondateur grec de l'alchimie[17], et présenterait l'enseignement de la discipline. Les pères fondateurs des mouvements de pensées grecs ont ce trait commun d'avoir tous rapporté des connaissances obtenues auprès de prêtres initiés égyptiens. Ce rapprochement, bien que mythologique à certains égards, pourrait être considéré comme légitime. Cette légitimité ne posait pas de problème à Isaac Newton qui a traduit le contenu de la Table d'Émeraude dans le cadre de ses travaux alchimiques.[18] Quand l'hermétisme nous joue des tours. Voici les quatorze formules :

1) C'est vrai, sans mensonge, certain et du plus vrai.

2) Que ce qui est en bas est comme ce qui est en haut et ce qui est en haut est comme ce qui est en bas pour faire les miracles d'une seule chose unique.

3) Et comme toutes choses ont été et ont surgi de l'un par la médiation de l'un : ainsi toutes les choses tirent leur origine de cette chose une par adaptation.

4) Le Soleil est son père, la lune sa mère, le vent l'a porté dans son ventre, la terre est sa nourrice.

5) Le père de toute perfection dans le monde entier est ici.

---

[16] *The Land of Osiris* par Stephen Mehler
[17] *The Gods of the Egyptians* par Alfred Budge
[18] Bibliothèque du King's College, à Université de Cambridge.

6) Sa force ou puissance est complète si elle est convertie en terre.

7) Sépares la terre du feu, le subtil du grossier gentiment avec grande industrie.

8) Il monte de la terre vers le ciel et à nouveau il descend sur la terre et reçoit la force des choses supérieures et inférieures.

9) Par ce moyen, vous aurez la gloire du monde entier

10) et ainsi toute obscurité fuira de vous.

11) Sa force est au-delà de toute force. Car il vainc chaque chose subtile et pénètre chaque chose solide.

12) Ainsi fut créé le monde.

13) De ceci sont et proviennent vraiment d'admirables adaptations dont les moyens (ou processus) sont ici en cela. C'est pourquoi je suis appelé Hermès Trismégiste, ayant les trois parties de la philosophie du monde entier.

14) Ce que j'ai dit de l'opération du Soleil est accompli et terminé.

En guise de conclusion exclamative, nous allons partager des éléments de recherche passés sous silence de l'équipe de Mariette qui satisferont les sceptiques -dont je suis - trouvant que ces coffres sont démesurément grands pour la tâche qu'ils étaient censés accomplir.

Sépultures de l'animal sacré Apis, les sarcophages quasi cyclopéens sont censés avoir accueilli des momies de taureaux. Un taureau agraire, oui c'est le terme, mesure entre 1m50 et 1m70 au garrot. Cela ne vous semble pas surdimensionné ? Je veux bien imaginer que le caractère sacré de l'animal oblige ses adorateurs à lui confectionner un habitat pour l'au-delà dans lequel il ne serait point à l'étroit, mais quand même…

En continuant plus loin dans les couloirs, Mariette quitte la zone à sarcophages pour arriver dans d'autres galeries. Là, effectivement, il y trouve vingt-huit momies de taureaux. [19] Euréka, l'explication est toute trouvée ! Explication par extension. Les momies sont retrouvées dans des sarcophages en bois conçus aux proportions réelles (et réduites, comparativement aux cuves de granit) des animaux qui y sont embaumés en position Sphinx-esque...

Une planéité stupéfiante

Preuve d'un savoir hermétique et alchimique que Georges Prat examine méticuleusement dans *Hermétisme et géobiologie*, ou vestiges d'une technologie remarquable, le Serapeum clôture la première journée

---

[19] Gaston Maspero, « *Mariette (1821-1881) – Notice biographique* », Bibliothèque égyptologique XVIII

qui aura retourné le cerveau de mes voyageurs chéris et qui me disent avoir l'impression d'être là depuis une semaine...ça promet !

Un sarcophage de taureau...

Jan Niedbala

ABOUSIR & ABOU GHORAB

ABOUSIR

À seulement trente minutes de voiture au sud du plateau de Gizeh se trouvent Abousir et Abou Ghorab, deux des sites les plus mystérieux de l'Égypte Ancienne. Mystérieux car ils livrent parmi les preuves les plus flagrantes d'utilisation de hautes techniques ou technologies anciennes, mais aussi parce qu'ils sont fermés au public pour on ne sait quelle raison, et nécessitent des permissions spéciales, si tant est qu'elles soient accordées. Abousir et Abou Ghorab se situent sur une même zone d'environ un kilomètre carré à laquelle on accède en traversant au pas de course le village local et le haras qui bordent le désert. Deux sites bien distincts, mais que j'aime considérer comme un unique lieu dans la mesure où tous deux révèlent des clés similaires de compréhension de notre passé.

Vue impressionnante de Gizeh alors que nous sommes à 20km...

Fort d'un réseau de contacts locaux paré à toute épreuve, c'est toujours avec un réel enthousiasme que je foule le sol de cette zone, seul, ou accompagné des groupes que j'y emmène à pas de velours. Nous sommes presque en plein désert. Les pyramides de Gizeh sont visibles du haut des dunes de sables que nous arpentons et offrent un spectacle unique qui vaut à lui seul les efforts logistiques consentis. Un silence total pèse comme une chape de plomb qui nous fait comprendre inconsciemment que nous vivons des moments hors du temps alors que nous touchons (pas qu'avec les yeux) des réalisations qui balayent d'un revers de main tout ce que l'on a cru savoir concernant les techniques utilisées par les anciens égyptiens.

Avant d'aborder ces « preuves » de technologies avancées, revenons sur l'aspect dynastique de la zone afin de remettre les choses dans leur contexte historique.

Le site archéologique d'Abousir est surtout connu pour ses pyramides de la Ve Dynastie (-2500 à -2300). Le nom Abousir vient de l'Égyptien *Per Ousir*, comprenez la *Demeure d'Osiris*.

Quatorze pyramides sont accessibles à Abousir, mais seulement cinq sont généralement considérées, celles des pharaons Sahu-rê, Niouserrê, Néférirkarê, Néferefrê, et celle de la reine Khentkaous II, fouillée depuis 2015. Abousir en lui-même est totalement décimé suite aux guerres, le laisser-aller général, et les utilisations anarchiques du site.

Abousir, preuve d'un cataclysme antique ?

Ce qui frappe incontestablement en arrivant devant la pyramide de Sahu-Rê, la plus méridionale, est le chaos total qui règne là où, un temps, se tenait un temple. Un enchevêtrement inexplicable de réalisations en calcaire, albâtre, basalte, granit noir et granit rose. Le granit du site, dans lequel nous trouvons des forages inexpliqués, provient d'Assouan (granit rose) 850km au sud, et du nord Soudan (granit noir) près de 1200km au sud.

Outre l'aspect cataclysmique du site, une multitude de forages y sont visibles. Immédiatement frappés par nos souvenirs d'école, chacun essaie alors de s'imaginer la vitesse à laquelle les petits Égyptiens devaient tourner, à la main, les outils (lesquels ?) perforant le granit. Il est possible de percer du granit avec des outils en cuivre. Les techniques avancées par l'égyptologie conventionnelle sont connues et ont été démontrées. Cependant, le résultat d'un forage au cuivre ne laisse pas de sillons sur la carotte qui reste plane. C'est là où ça se complique. En effet, les carottes trouvées *in situ* comportent les sillons de tailles et caractéristiques différentes (sinon, c'eut été trop simple, n'est-ce pas ? !)

Des p'tits trous…

Jan Niedbala

Des p'tits trous...

Encore des p'tits trous...

Aujourd'hui, pour carotter du granit de la sorte, nous utilisons des machines au diamant et à pression hydraulique[20]. Voilà déjà la première anomalie. Pour atteindre ces niveaux de réalisation, la main ne suffit plus. Elle ne suffit plus ni en termes de pression, ni en termes de régularité. D'ailleurs, quand bien même nous serions en mesure d'appliquer pression et régularité exigées, nous n'obtiendrions pas une carotte avec sillons.

Certains détracteurs diront que ces trous sont modernes. C'est un argument tout à fait valable et qui peut tenir la contre-argumentation… jusqu'à un certain point. La plus grosse ombre au tableau réside dans ce que nous allons démontrer. Quand bien même ces carottes seraient modernes, les outils que nous possédons aujourd'hui ne permettent pas d'obtenir le résultat que l'on constate à Abousir et Abou Ghorab.

Comme l'a fait remarquer William Matthew Flinders-Petrie lors de ces recherches à la fin du XIXème siècle, « le niveau de réalisation est impensable ». Nos sceptiques contemporains qui affirment sans frémir un sourcil que ces carottes sont l'œuvre de travaux modernes semblent oublier un élément crucial qui renvoie directement à ce même Flinders-Petrie et qui s'appelle « No.7 ». « No.7 » est le nom d'une carotte extraite par Petrie, exposée au Petrie Museum à Londres, qui fut depuis analysée. Cette analyse porte sur les sillons et vient invalider l'idée qu'il y ait eu des machines similaires, même plus puissantes, aux nôtres. Cette carotte ne présente pas de sillons semblables à ceux que l'on peut trouver sur des réalisations modernes, c'est à dire des sillons parallèles les uns aux autres dont la profondeur détermine la pression de l'outil. À l'inverse, le (singulier ayant toute son importance) sillon analysé révèle qu'il forme une sorte de spirale continue faisant le tour de l'objet. Il est donc impossible que nous soyons face à un objet issu de machines telles qu'on les conçoit actuellement. Afin d'obtenir un tel résultat il faut plutôt imaginer une technologie possédant un point précis de pénétration avançant de manière extrêmement puissante mais tout aussi lente. C'est d'ailleurs une combinaison où l'un ne va pas sans l'autre car la lente pénétration permettra la puissance de l'avancée.

---

[20] www.diamantevolution.fr

Outre la force et spécificités techniques des outils supposés, nous sommes également face à des engins aussi gigantesques que les proportions des édifices égyptiens. Certaines dalles de basalte présentent des traces semblables à ce qu'une scie circulaire pourrait laisser. L'épaisseur de la coupe est de 3mm. Ici, rien d'extraordinaire. Le diamètre de la scie, quant à lui, répond à des mesures bien plus…pharaoniques ! En utilisant les traces visibles à l'œil nu, en les mesurant et en faisant jouer Pi, ma constante universelle préférée, il est possible de déterminer que le diamètre de cette « scie » circulaire mesurait entre sept et huit mètres !

Trace d'outil (machine ?) circulaire dont le rayon est estimé à plusieurs mètres

Trace d'outil (machine ?) dont le rayon est estimé à plusieurs mètres

On peut redonner un peu de grain à moudre aux partisans de l'usinage moderne, mais personne n'a jamais vu de machine aussi énorme sur le site. Pas même ceux à qui ont été transmises traditions, valeurs et connaissances ancestrales. Si cette technologie avait été déployée récemment, il est certain que cet évènement serait resté dans les annales des locaux qui ne voient guère de machines défiler dans le village qui forme le seul point d'accès à Abousir. D'autant plus que cette dalle est reconnue par les archéologues comme ayant été trouvée récemment, courant des années 1990 [21]. Les locaux auraient-ils une mémoire affreusement courte ?

Au regard de tout ce que nous venons d'énumérer ensemble, il semble peu probable que l'Égypte Dynastique soit à l'origine des réalisations les plus avancées que l'on trouve à Abousir et Abou Ghorab. Nous ne remettons pas en cause les mastabas (Khekeretnebti, Tisethor, Hedjetnebou, Netjerirenrê, etc...) qui répondent à des critères techniques et architecturaux bien plus facilement atteignables pour la Vème Dynastie Égyptienne. Par contre, il semble incontournable de considérer la forte probabilité qu'une civilisation plus ancienne (antédiluvienne ?) et avancée ait un jour occupé les Terres d'Osiris avant de disparaître, les

---

[21] *www.gizapyramid.com*

traces des hautes technologies employées s'effaçant à mesure que les millénaires s'écoulent.

Cette supposition est à mettre en perspective avec la tradition orale qui conte l'Histoire des premiers « égyptiens », appelés « Kémites », dont les origines remonteraient à 86 000 ans [22]. Mais les sceptiques n'en démordent pas : « En termes de datation, nous sommes au point ». Ils confirment aussi que toutes les techniques connues de travail de la pierre permettent d'obtenir les résultats trouvés *in situ*. À cette différence près que les ingénieurs et tailleurs de pierre qui ont été mis à contribution lors de mes voyages de groupe ne sauraient se satisfaire d'un rejet aussi simpliste et drastique de faits qui mériteraient toute l'attention des chercheurs.

---

[22] *The Land of Osiris* par Stephen Mehler

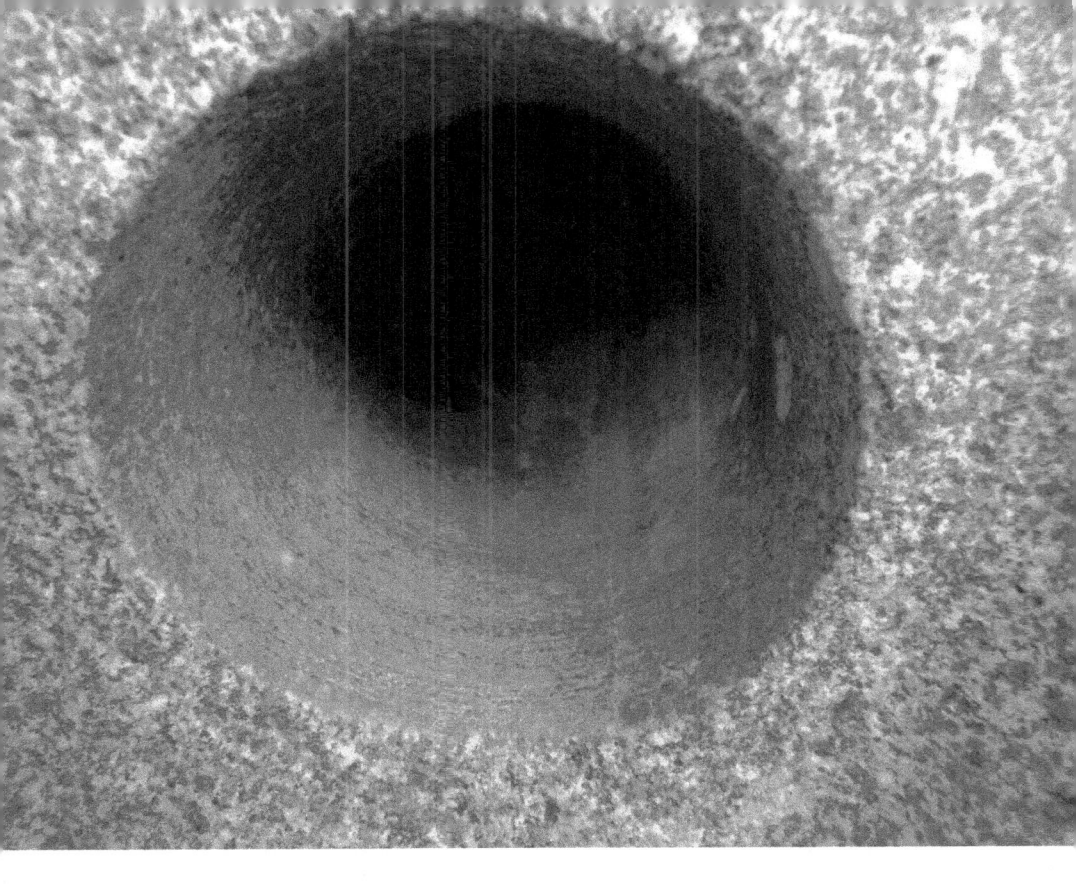

Jan Niedbala

ABOU GHORAB

Au milieu de nulle part entre Abousir et Abou Ghorab

Que l'on y accède en premier, ou que l'on vienne d'Abousir, il faudra dans les deux cas traverser les dunes de sables pour approcher Abou Ghorab. Au milieu de ces dunes se dessine peu à peu une zone, invisible à l'œil nu lorsque l'on est sur l'un ou l'autre site, qui laisse apparaître d'autres anomalies. Percés dans du granit de manière régulière et symétrique, les trous improbables que nous avons sous les yeux ne sont qu'un humble préambule au lieu vers lequel nous nous dirigeons aujourd'hui.

Aussi appelé Abou Ghorab, Abou Ghourob, ou encore Abou Jirab, Abou Ghourab, lui aussi fermé au public, est un des sites les plus singuliers de toute l'Égypte. J'en veux pour preuve l'unicité des cuves que l'on y retrouve. Partout où nous mettons les pieds en Égypte, nous sommes capables de faire des liens avec d'autres lieux. Des pyramides, il y en a à

Gizeh, Dahchour, Saqqarrah, Abousir, Abou Rawash, Meidoum, et j'en passe. Des temples, nous en avons sur presque l'intégralité des 1500km de longueur couverts par le Nil. Des cailloux et des mystères ? En veux-tu en v'la ! Par contre, il n'y a aucun autre lieu sur les Terres d'Osiris qui présente une similarité, même légère, avec ce qui se présente ici. Découvert au tout début du XXème siècle par Ludwig Borchardt, Abou Ghorab fut, dit-on, construit par Nyuserre Ini (ou Néousséré) entre -2450 et -2430, époque de la Vème Dynastie. D'ailleurs, est aussi attribuée à ce pharaon une des pyramides d'Abousir.

Le « Temple Solaire » d'Abou Ghorab était une réalisation absolument phénoménale avec un obélisque dont la hauteur est estimée à soixante mètres (en comptant le socle pyramidal sur lequel il était posé).

Socle pyramidal qui selon moi est contemporain aux pyramides et temples de Gizeh et Dahchour car on y retrouve à sa base et sur son parement les mêmes caractéristiques mégalithiques d'édifice[23]. Cela rejoint donc les datations officielles qui proposent Gizeh et Abou Ghorab à une même période. De là, à savoir s'ils ont bien été construits en -2500, rien n'est moins sûr.

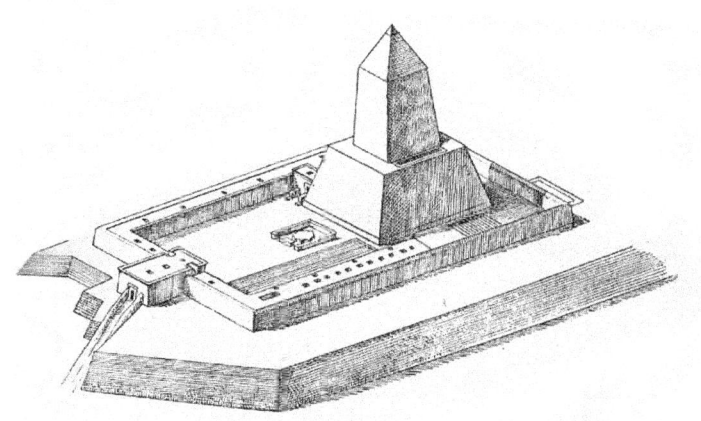

Temple Solaire d'Abou Ghorab imaginé par Ludwig Borchardt[24]

---

[23] Cf Chapitre 2. Saqqarah
[24] *L'archéologie égyptienne*, Gaston Maspero, 1907

Devant ce socle, nous avons un *autel*, *hotep* en égyptien, qui étonne par son état de conservation alors que l'ensemble de la zone (Abousir inclus) présente des caractéristiques prononcées de destruction. Composé de cinq blocs énormes d'albâtre et aligné parfaitement sur les quatre points cardinaux, cet autel est gigantesque.

Selon Yousef Awyan, fils d'Abd'l Hakim Awyan et héritier de la tradition Kémite, avec qui je m'entretiens souvent lorsque je vais en Égypte, cet autel aurait été utilisé par les anciens pour élever leur niveau de spiritualité grâce aux vibrations des matériaux en présence. Un concept qui peut paraître un tantinet abstrait pour certains, tout en étant parfaitement clair pour d'autres, plus initiés à la philosophie sacrée des civilisations antiques et disparues. D'éducation cartésienne, qui tend cependant depuis nombre d'années à considérer l'invisible comme un aspect omniprésent de notre état constitutif, je « crois » tout en faisant preuve de pragmatisme dans mon approche. Saint Thomas, si tu nous écoutes…

Cet autel est généralement le théâtre de réactions manichéennes de la part de ceux qui s'en approchent. Je n'ai vu que très rarement quelqu'un poser ses guêtres sur ce lieu en me regardant d'un air circonspect ou neutre.

À l'inverse, j'ai vu bien plus fréquemment des gens sembler être submergés par l'énergie et la vibration des lieux. Tantôt en bien, tantôt en mal. À titre tout à fait personnel, je n'y ai pas ressenti grand-chose comme cela a pu être le cas dans la Pyramide Rouge de Dahchour[25]. Je n'en reste pas moins convaincu que que que chose se passe à cet endroit précis. Il paraît improbable que tant de monde ressente une énergie si forte sur un lieu dont ils ne savaient rien en arrivant sans qu'effectivement il ne s'y passe quelque chose. Un croisement de lignes énergétiques ? Peut-être... Surtout quand certaines de ces personnes ont des profils scientifiques, tendance sceptique, et qu'elles partagent leur incompréhension en ressentant des choses auxquelles, à priori, elles ne croi(yai)ent pas.

L'immense hotep aux propriétés énergétiques étonnantes

---

[25] Cf Chapitre 1. Dahchour, La Pyramide Rouge

Il n'y a pas que la spiritualité qui s'en donne à cœur joie ici. Les technologies antiques aussi allaient bon train. Plusieurs traces de carottages sont visibles et répondent à des caractéristiques encore différentes des carottes observées dans le granit.

Restes de la pyramide du « Temple Solaire »

Autre carotte, toujours dans le granit rose d'Assouan

Jusque-là, rien de bien étonnant pour l'Égypte me direz-vous. C'est sans compter sur la pièce de résistance, ou plutôt les pièces de résistance ! L'utilisation du terme « résistance » est toute réfléchie. En effet, les fameuses cuves d'Abou Ghorab résistent vaillamment à l'épreuve du temps et de toutes les théories qui leur ont été imposées. La théorie la plus récurrente parle de cuves sacrificielles pour recueillir du sang de bœuf et/ou taureaux sacrés avant d'être évacué par les trous en présence. Ça vous semble familier ? Effectivement... « Apis ! Apis ! Au pays des Merveilles ! » comme dirait Francky Vincent.

La première fois que l'on m'a conté cette jolie petite histoire, j'ai demandé si des os avaient été retrouvés sur le site. J'imagine mal une absence totale d'ossements alors que les sacrifices d'animaux étaient récurrents et effectués en grand nombre. Six cuves supposent des dizaines d'animaux à sacrifier en même temps, sinon nous aurions pu nous contenter d'enchaîner les quelques exécutions dans la même cuve, non ?

Pourtant, pas d'os. Du coup, il y en a un...d'os !

Les fameuses cuves

Autre remarque que beaucoup se font. Concernant le sang et son évacuation, pourquoi n'avons-nous pas des trous d'évacuation semblables à ce que nous avons au fond de nos éviers ? Si les trous placés à mi-hauteur servaient à évacuer le sang, comment procédait-t-on pour évacuer le reste du liquide, prisonnier sous le niveau de l'évacuation ? Pas de réponse.

Pas de réponse non plus à ma question concernant l'aspect dentelé du sommet des cuves. Ces dents, présentes en nombre irrégulier, à quoi pouvaient-elles bien servir ? Pourquoi prendre la peine de systématiquement réaliser ces « engrenages » ? Pourquoi complexifier la conception d'objets dont l'utilisation finale était des plus simplistes ? Probablement parce que justement l'utilisation finale n'avait rien à voir avec ce qui nous est proposé. Les scénaristes académiques auraient quand même pu faire chauffer leurs ciboulots un peu plus longtemps ! Ils n'ont même pas réussi à écrire d'histoire qui tienne une contre argumentation niveau CM2. Ah si, je vous assure.

En mettant les morceaux bout à bout, nous avons ceci :

- le roi fait le mariole devant la Pyramide de Djoser à Saqqarah en essayant d'attraper un taureau par la queue pour montrer que c'est lui le patron ! [26]
- il faut ensuite tuer le taureau car le roi en portera la queue accrochée à son pagne. Mais on ne sait pas où il sera tué. Selon toutes vraisemblances, il faut prendre la charrette pour aller à Abou Ghorab et vider le taureau de son sang en utilisant succinctement une des cuves gracieusement mises à disposition par la municipalité.
- après, il faut enterrer le taureau quelque part. En tout cas pas à Abou Ghorab car aucun groupement d'os n'a été retrouvé. Donc on va reprendre la charrette et retourner à Saqqarah pour profiter du Serapeum et ses sarcophages destinés aux taureaux sacrés.[27]

J'entends déjà les détracteurs (aucun rapport avec l'*Amour est dans le Pré*) dire que je mêle des rites et pratiques indépendants les uns des autres. Ils nous sont effectivement présentés de manière indépendante, c'est vrai. Mais pourquoi ne pas les lier entre eux de manière cohérente ? Car si nous ne le faisons pas, l'indépendance rend chaque pratique complètement ubuesque. Voyez plutôt.

Si le roi capture un taureau, où va-t-on le tuer ? À Saqqarah, où nous n'avons retrouvé aucune cuve sacrificielle semblable à celles d'Abou Ghorab ? Aussi, il n'est de taureau sélectionné pour le roi qui ne puisse

---

[26] Cf Chapitre 2. Saqqarah
[27] Cf Chapitre 2. Serapeum

connaître de destin sacré dans un lieu prévu à cet effet. Où les taureaux seraient-ils enterrés sinon au Serapeum ?

Pour ce qui est du rituel primitif consistant à époumoner un roi égyptien sur l'esplanade d'une pyramide en le faisant pourchasser un bovidé sacré pour la plus grande joie des troubadours et ménestrels réunis, je veux bien le concevoir. Par pure bonté d'âme ! Mais quand il s'agit d'envisager une vision globale des événements, Mémé et les orties ne sont vraiment pas loin !

Je résume et arrête un temps de faire semblant de croire à ce que l'on nous raconte.

Soit les égyptiens parcouraient des dizaines et des dizaines de kilomètres afin d'accomplir les trois étapes sacrées du sacrifice animal alors qu'elles auraient pu être exécutées sur un même lieu. Soit nous avons trois étapes intrinsèquement liées (capture, sacrifice, sépulture) mais présentées comme indépendantes les unes des autres et sans expliquer ce qu'il advient des deux étapes manquantes.

Une fois de plus, nul besoin de théories sensationnelles pour mettre en évidence l'incohérence de l'égyptologie académique. Pourtant, cela ne choque personne que de supposées cuves sacrificielles :

- comportent des trous d'évacuation qui ne servent presque à rien
- comportent des dents/bouts arrondis sur leur haut qui ne servent presque à rien
- présentent des traces de découpes de haut grade sur un matériau très friable (l'albâtre)

Si aujourd'hui personne n'est capable d'émettre une théorie décente pour expliquer ces cuves, il n'y a maintenant plus de doute que leur fonction était bien plus complexe et réfléchie qu'on veut bien le penser.

C'est avec ce mystère de plus en tête que nous rentrons à l'hôtel pour contempler le dernier coucher de soleil face aux pyramides avant de continuer ce périple dès le lendemain. Direction Assouan, mille kilomètres plus au sud.

Gros plan sur un trou d'évacuation

Trou d'évacuation placé trop haut pour en être un.

Vérification collective pour s'assurer qu'il n'y ait pas d'autre « évacuation »

D'autres cuves. Conception différente. Utilisation supposée identique.

L'OBÉLISQUE INACHEVÉ D'ASSOUAN

Il fait chaud. Très chaud. Nous avons beau être mi-octobre, le thermomètre fait encore joujou avec les 40 degrés (oui, Celsius !). Une heure et quart d'avion au sud du plateau fortement ventilé de Gizeh, la chaleur s'abat sur Assouan sans crier garde. Le vent, qui a pour habitude de rendre délicieux chaque instant passé dans ce p'tit paradis qu'est Assouan, nous gratifie de sa fonction magique « sèche-cheveux naturel ». J'aimerais un peu d'ombre pour poser nos séants et conter aux voyageurs les informations à assimiler avant de fouler la fameuse carrière. Mais rien n'y fait. C'est donc le museau levé maladroitement vers la climatisation du minibus que j'ai préalablement pris le micro pour parler au groupe qui trépigne d'impatience.

Quelques instants plus tard, nous y sommes. Aucun doute là-dessus. Pas un brin d'ombre. Un cagnard digne des plus belles étapes du Tour de France (de la période Indurain/Virenque bien sûr), et une bouteille d'eau dont le niveau s'amenuise dramatiquement alors que nous n'avons pas encore fait cinquante mètres. Mais toutes ces considérations ne pèsent plus bien lourd lorsque face à nous se dresse, enfin s'allonge, *l'Obélisque Inachevé*. Je suis heureux. Le spectacle peut enfin commencer. L'Obélisque Inachevé est le seul endroit d'Égypte où les guides osent « démontrer » comment fut construite la bête. Notre guide local, qui raffole des travaux pratiques, mime des coups de pierre en guise de méthode de réalisation. Mes voyageurs se regardent, circonspects. Le guide lit le doute dans le regard de ses spectateurs et nous rassure. Le mime va se transformer en démonstration d'ici quelques instants. Connaissant par cœur leur petit théâtre de boulevard je reste en retrait, un peu par ennui mais surtout pour préparer mon entrée en scène.

Ça y est, il entame démonstration. Il saisit une boule de dolérite et frappe sur du granit pour *enfin* montrer comment faisaient les anciens. Devant l'incompatibilité entre ce que nous avons sous les yeux et l'explication donnée, le groupe oublie la chaleur et s'esclaffe de rire. N'oubliant jamais que l'hilarité doit connaître ses limites, surtout sans parasol, j'entre discrètement en piste pour mener le groupe vers les différents endroits clés de la carrière qui nous permettront de comprendre que la thèse officielle n'a visiblement jamais été testée. Dommage, j'aurais aimé une nouvelle session TP !

Atelier travaux pratiques. « À la main, avec force et courage » c'est comme cela que procédaient les anciens.

Assouan, qui fut un temps la ville frontière où commençait le pays, est le lieu mythique d'où proviennent les plus grandes réalisations de l'Égypte Ancienne : statues immenses, obélisques, et autres monolithes gigantesques, tous en granit.

La carrière d'Assouan, Swenet en Ancien Égyptien, qui donnera Syenite le nom du granit rose que l'on y trouve, est et restera l'endroit le plus parlant en termes de travail de la pierre et des techniques qui s'y sont succédées.

La première de ses techniques est celle du bois qui, enfoncé dans la roche, sera arrosé en attendant qu'il gonfle et, sous la pression, fasse casser le granit. Cette technique a laissé certaines traces, mais trop peu nombreuses et trop éloignées pour être considérée comme la technique liée à réalisation de l'Obélisque commandé par Hatshepsout. Il suffit d'ailleurs de regarder l'Obélisque lui-même pour constater que nulle part nous ne trouvons ces « trous ».

Technique d'extraction au bois...

...autour de l'Obélisque...

... qui n'a rien à voir avec ce que l'on trouve sur l'Obélisque...

... ou partout ailleurs dans la carrière

Nous en tirons deux constats.

1) La technique du bois était utilisée à une autre époque, très probablement plus récente car elle était également connue des romains et grecs.
2) Il faut se limiter aux traces présentes sur et autour de l'Obélisque pour en déterminer les réelles techniques de construction et d'extraction.

La vraie technique employée par les anciens est visible absolument partout dans la carrière. Des centaines, voire milliers, de formes arrondies, comme s'ils arrivaient à extraire le granit comme on se sert un sorbet entre les champs de lavande provençaux. Il y en a tellement qu'on croirait que le projet est de démontrer de manière incontestable qu'à aucun niveau la théorie officielle n'explique le résultat constaté. À mon grand regret les autres visiteurs suivent aveuglément leurs guides respectifs et acquiescent gentiment quand ils voient les boules venir frapper le granit.

Il suffit de regarder son ticket d'entrée pour comprendre que ce site regorge d'éléments à côté desquels les gens passeront sans faire attention. Y est écrit « Unfinished Oblisk ». Au singulier, et avec un *e* qui manque. Je confirme néanmoins que c'est « Obelisk », et rectifie dans la foulée que le mot devrait être orthographié au pluriel. Oui, il y a deux obélisques inachevés vous verrez…

Quarante-deux mètres de long pour un poids estimé à 1168 tonnes. Une fois achevé, la masse de l'Obélisque aurait été 30% supérieure à celle de celui érigé au Temple de Karnak, à Louxor[28].

Son caractère inachevé résulte de fissures trouvées dans le granit empêchant la poursuite du travail qui avait commencé directement dans la roche.

Les questions que l'on peut alors se poser sont :

---

[28] Cf Chapitre 8, Louxor

- comment ont-ils créé cet obélisque ?
- comment prévoyaient-ils de le lever et le transporter ?

Comme nous l'avons vu à l'instant, les égyptologues considèrent que la technique à privilégier pour la confection de l'immense objet reposait sur des boules de dolérite frappées, cognées et frottées à même la roche. Cette hypothèse semble peu probable dans la mesure où dolérite et granit sont relativement similaires en termes de dureté des minéraux qui les constituent. Sur l'échelle de Mohs[29], nous sommes dans les deux cas entre 6 et 7, avec la dolérite légèrement plus dure que le granit. Ipso facto, travailler le granit avec de la dolérite ne donnerait un résultat qu'au terme de millions de mouvement de frottages. Une vision horriblement réductrice des anciens dont nous ne saurions nous satisfaire.

Non seulement la considération de dureté minérale invalide l'explication donnée par notre guide, mais les traces présentes autour et sur l'obélisque ne peuvent provenir de ces supposés frappages/frottages de boules. Ces traces font plutôt penser à des godets ou cuillères (*scoops*, en anglais) enfoncés dans une matière molle/ramollie. Ces *scoops* sont présents partout dans la carrière d'Assouan. Traduction : ils se seraient amusés à frapper/frotter ardemment des zones desquelles ils ne prévoyaient pas de façonner quoi que ce soit ? Illogique. En perpétuelle navigation dans l'océan du bénéfice du doute, je ne manque jamais une occasion de m'essayer à la technique présentée, et d'inviter mes voyageurs à en faire tout autant. Le constat est unanime : ça fait mal aux mains ! Bien trop mal pour persévérer plus de quinze ou vingt répétitions…Et que dire de l'état de forme dans lequel il aurait fallu être pour pouvoir frapper, encore et encore, sans relâche pour le bien de notre reine qui a passé commande ? Les boules pèsent entre trois et sept kilos. Sept kilos c'est un pack de vingt-quatre canettes de Force 4… z'imaginez ? ! Il n'y a pas d'humain qui puisse subir de telles contraintes.

Quand bien même les anciens auraient eu des mains et muscles bioniques annihilant toute douleur ou sensibilité, où se seraient-ils placés pour travailler ? Il n'y a pas assez de place entre l'obélisque et la paroi pour s'y mouvoir avec l'aisance et le recul requis. Les contraintes

---

[29] Centre Régional de Documentation Pédagogique de l'académie de Toulouse, www.cndp.fr/crdp-toulouse

physiques ajoutées aux contraintes de placements empêchent d'administrer la force nécessaire à quelconque résultat. Ne tenant pas compte de cela, la reproduction que les guides présentent à l'air libre est invalide. S'il est difficile de tenir debout, seul, pour « bien bosser », une fois en situation réelle, la tâche deviendrait tout simplement impossible car les officiels parlent des milliers de personnes présentes sur le site au même moment. Où ? Je ne sais pas.

Granit ramolli extrait au godet ?

Ou petits travailleurs pleins de zèle ?

Et ces puits creusés allant jusqu'à trois mètres de profondeur ? Eux aussi ont été faits à la main ? Leur utilisation n'est pas à remettre en cause. Ceux que l'on appelle aussi *puits techniques* permettent d'observer les couches granitiques en profondeur afin d'en déterminer la qualité et donc la faisabilité du chantier. Si l'on détecte une strate de qualité moindre ou suspecte, le projet tout entier se voyait menacé. Rien à redire à ce niveau. Malheureusement, la logique n'interpelle pas les voyageurs. Si l'obélisque a été façonné avec les boules abrasives, quid des puits ? Comment ont-ils été creusés ? Figurez-vous que c'est supposément pareil. Difficile alors d'imaginer le chef de chantier tendre une boule à l'ouvrier en lui disant qu'il est à présent en charge des puits techniques. Encore plus difficile d'imaginer la réaction de l'ouvrier qualifié (pas de travaux pharaoniques sans réelles qualifications) à qui l'on tend une boule pour percer un puits de trois mètres de profondeur. Mesdemoiselles les boules de dolérite, je suis au regret de vous informer que vous n'êtes désormais plus candidates au rôle tant convoité d'explication plausible à cette mystérieuse carrière.

Serions-nous en présence de traces de technologies antiques avancées ? En tout cas, lorsque l'on y regarde de plus près, avancées ou non, ces technologies sont un mystère tant leurs caractéristiques ne ressemblent à rien de ce que nous savons faire aujourd'hui. Les puits dont nous venons de parler trouvent une autre explication auprès d'alternatifs focalisés sur les technologies de pointes.

Ils auraient d'abord servi à vérifier la qualité de la roche en profondeur, puis à y placer les machines telles des grues antiques, qui auraient permis de soulever l'obélisque. La théorie des technologies assistées de machines a le don d'horripiler les académiques et je m'en amuse allègrement. À mes yeux, elle ne constitue pas plus de sornettes que les interminables hypothèses de Cro-Magnon que personne n'a été capable de démontrer.

Puits technique au bord de l'obélisque

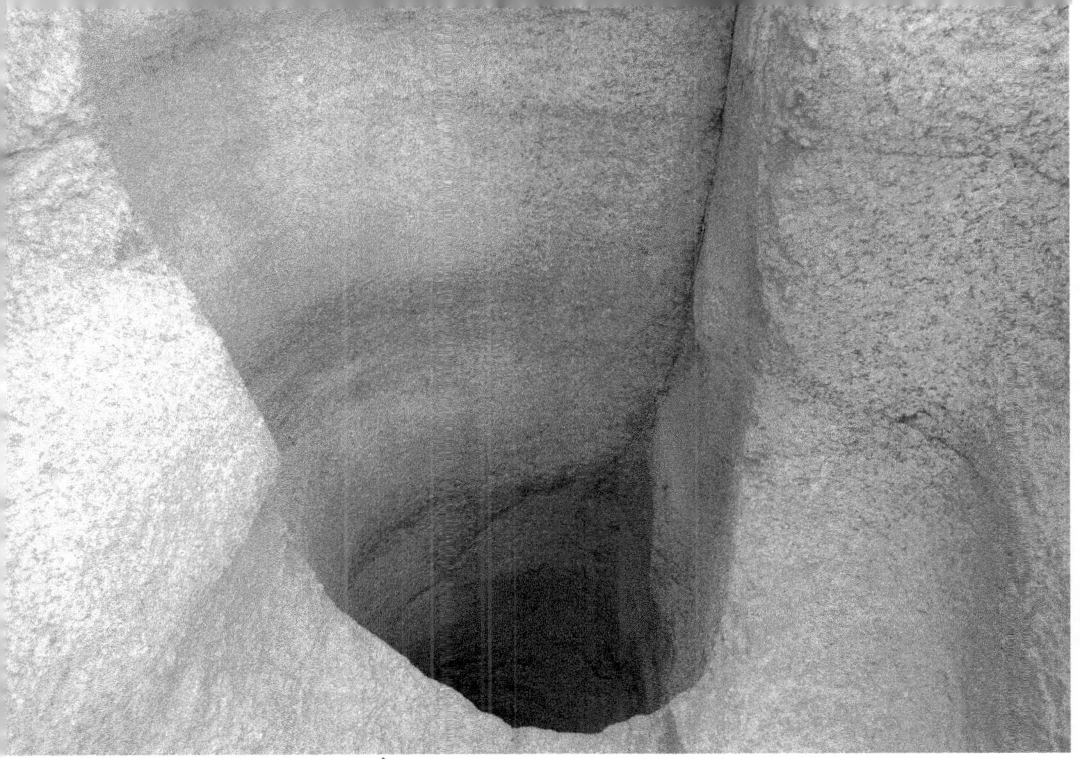

Un autre. À trente mètres au sud de l'obélisque.

Encore un, en contre-bas de la carrière, improvisé en poubelle, comme s'il ne constituait aucune part de l'héritage de ce site…Triste !

Nous disions il y a un instant qu'il y a deux obélisques à Assouan. C'est justement ce second obélisque qui, à défaut de donner une nouvelle explication claire, surpassera et invalidera toutes théories officielles. Toutes. Avons-nous besoin de mentionner qu'en dehors de mes groupes, je n'y ai jamais vu personne ? Explication : le second obélisque est en contre bas d'une butte de granit sur laquelle il faut monter pour découvrir l'existence de ces restes. Pourquoi personne n'officialise la présence de ce lieu ? Ne serait-ce que pour agrémenter la visite du site qui, pour les touristes lambda, s'avère extrêmement succincte.

Sur ce deuxième obélisque nous retrouvons une nouvelle fois ces *scoops,* comme des traces de cuillères dans du sorbet, ou de godet qui soulève une matière meuble ou ramollie. Ailleurs dans la carrière ces *scoops* sont visibles et laissent supposer des mouvements soit horizontaux, soit verticaux. Cette constatation autorise même les moins bien-pensants à concevoir que la théorie officielle puisse être démontrée. En effet, il serait éventuellement envisageable d'imaginer des p'tits bonz'hommes polissant et taillant la roche de haut en bas ou de gauche à droite. Quand le grotesque rencontre le sublime. Pardon je suis mauvaise langue. J'oubliais que dans la préface de *Cromwell*, Victor Hugo manifestait son désir de rupture face au théâtre classique. Prônant un réalisme nouveau transcendant les codes établis, il souhaitait mélanger les genres. Ce mélange, Hugo le nommait « le sublime et le grotesque »[30]. Là, on est en plein dedans !

Sur ce second obélisque, les *scoops* ne se contentent plus d'être horizontaux ou verticaux. Ils sont tridimensionnels. Lorsque l'on fait face à la zone travaillée, il y a sur la droite une paroi sur laquelle les *scoops* débutent. Ils descendent le long du mur et continuent sur le sol. Au lieu

---

[30] « *Elle sentira que tout dans la création n'est pas humainement beau, que le laid y existe à côté du beau, le difforme près du gracieux, le grotesque au revers du sublime, le mal avec le bien, l'ombre avec la lumière (...) C'est alors que, l'œil fixé sur des événements tout à la fois risibles et formidables, et sous l'influence de cet esprit de mélancolie chrétienne et de critique philosophique que nous observions tout à l'heure, la poésie fera un grand pas, un pas décisif, un pas qui, pareil à la secousse d'un tremblement de terre, changera toute la face du monde intellectuel. Elle se mettra à faire comme la nature, à mêler dans ses créations, sans pourtant les confondre, l'ombre à la lumière, le grotesque au sublime, en d'autres termes, le corps à l'âme, la bête à l'esprit ; car le point de départ de la religion est toujours le point de départ de la poésie. Tout se tient.* »

de buter sur la nouvelle paroi rencontrée (comme nous l'avons vu dans les précédentes photos illustratives), le godet continue son chemin et vient intégralement retirer le granit sous la roche. On peut retourner le problème dans tous les sens : la mise en scène des guides ne tient plus. Personne ne peut avoir la prétention de dire comment ont été réalisés ces deux obélisques. Personne ne peut avoir l'outrecuidance de faire croire que ce que nous avons sous les yeux a été fait avec de vulgaires boules. Ce serait manquer de respect aux passionnés d'Égypte, aux anciens eux-mêmes et *in fine* croire en l'absurde.

Une fois de plus, mon intention n'est pas de chercher à tout prix une contre-explication à tout ce qui porte l'estampille du Ministère des Antiquités. Mais la mission que nous, explorateurs alternatifs, avons est d'intérêt public. Nous voulons mettre le doigt sur l'incohérent, l'étonnant. Sur ce qui heurte la logique et l'intuition. Méthodiquement, consciencieusement, observer tous les détails qui suggèrent que les démonstrations présentées sont chimériques. Que les discours colorés ne sont que des billevesées égyptologues. Que tous devraient repenser leur approche et réécrire les actes de ce mauvais théâtre pharaonique. À un âge où la conscience collective s'éveille progressivement, persister aveuglément dans de telles représentations pourrait à terme avoir des faux airs de Godot. [31]

---

[31] En 1953, « *En attendant Godot* », pièce de Samuel Beckett, fit scandale. La moitié de la salle sortait avant la fin de l'acte I. Les spectateurs qui restaient le faisaient pour houspiller les acteurs. « *En attendant Godot* », est une forme théâtrale se réclamant de l'absurde.

Jan Niedbala

Debout sur la butte de granit qui révèle la paroi de droite avec les premières traces

À genoux entre la paroi et l'obélisque.

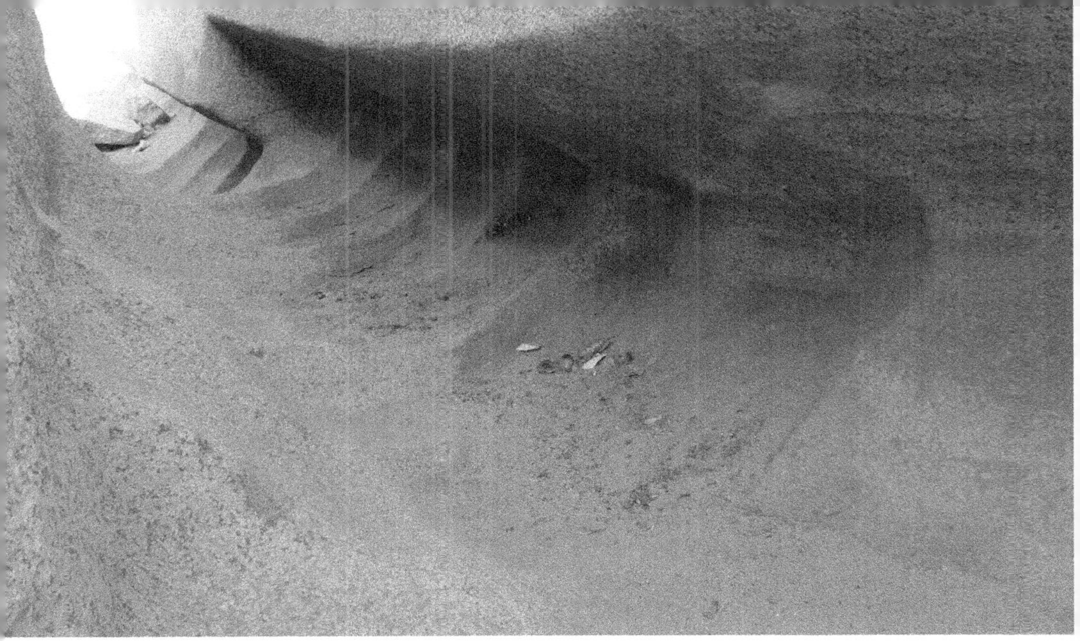

En se retournant

De l'autre côté de l'obélisque.

Un dernier pour la route

Il faut bien comprendre qu'en dehors de toutes autres considérations, l'Homme est incapable de réaliser cela à la main. La hauteur des marques ne dépasse guère les soixante-dix centimètres. Ce faisant, quiconque essaie de se replonger dans l'ouvrage d'époque se rend compte qu'il est :

- impossible de travailler correctement en étant à genoux ou allongé
- impossible de lever latéralement les lourdes boules présentées.

J'avoue ma fierté lorsque je montre cela aux guides locaux. Ils disent alors qu'effectivement tout cela semble bien étrange. Yes ! Enfin !

Face à tant d'éléments inexplicables, le postulat consensuel indiquant que les techniques étaient rudimentaires disparaît et laisse la place à des techniques plus proches de celles que nous utilisons aujourd'hui. À cela vient s'adjoindre deux hypothèses.

Les Anciens auraient été capables d'altérer la roche de manière à pouvoir la transformer, l'adoucir, la ramollir, l'attendrir pour l'extraire aisément. Le « comment » reste ouvert à l'appréciation de chacun et se contentera du stade spéculatif, mais nous pouvons imaginer des outils (je n'ai pas dit machines) permettant de générer des sons, ondes vibratoires, à des fréquences définies.

L'autre hypothèse nous vient d'Amérique du Sud et porte le nom de « Cosmogonie des 3 Mondes »[32]

L'hypothèse que je partage ici provient du livre éponyme, et se base sur l'existence d'une zone du système solaire qui déterminerait différents environnements terrestres suivant l'orbite connue par notre planète. Dans sa proposition, Alfredo Gamarra n'accepte pas le concept d'orbite stable et indique que l'histoire de la Terre a connu trois variations durant lesquelles les lois physiques furent modifiées. En auraient résulté des formes de vie différentes ainsi qu'une gravité autre, permettant des constructions dont les ruines ne sont toujours pas expliquées de manière satisfaisante.

La première orbite connue par la Terre s'intitule Hanan Pacha, Terre des Hauts Cieux. Sa durée aurait été de 225 jours. Des traces de cette orbite raccourcie sont présentes sur la Grande Porte du Soleil de Tiahuanaco, en Bolivie, où nous trouvons le plus vieux calendrier répertorié. À cette époque règnent des lois physiques optimales et une gravité extrêmement basse. Portées à de hautes températures, les roches pouvaient alors être modelées. Nous en trouvons aujourd'hui des restes dans les structures mégalithiques qui apparaissent avoir été vitrifiées. La seconde orbite est connue sous le nom d'Uran Pacha, Terre des Bas Cieux. Son cycle de 260 jours par an est corroboré par le calendrier Tzolkin attribué aux Mayas. La gravité étant toujours basse il est possible de transporter et assembler d'immenses blocs de roche comme Stonehenge, Sacsayhuaman ou les Pyramides de Gizeh. La troisième orbite : Ukun Pacha, Terre des Cieux Intérieurs, aussi connue comme Supaypaywasin, la Maison du Démon. Orbite de 365 jours qui nous régit encore aujourd'hui

---

[32] Hypothèse établie et développée par Alfredo Gamarra, reprise par Jesús Gamarra et Jan Peter de Jong.

et dont les origines remontent au calendrier Haab, lui aussi supposément Maya.

Ces modifications d'orbites et de gravité terrestre expliqueraient comment les anciens pouvaient travailler la pierre d'une manière qui nous échappe encore.

Pour les âmes réticentes, dont je faisais encore partie avant d'aller voir moi-même ces sites, un dernier élément vient planter l'ultime clou refermant le cercueil des explications académiques.

Lorsque l'on se tient, médusé, au sommet de l'obélisque (la grande) et que l'on pivote légèrement sur la droite, il est possible de retracer de visu le parcours emprunté depuis l'entrée de la carrière. Il est visible que nos premiers pas furent placés sur un chemin balisé duquel il était impossible de voir ce qui se révèle alors : un mur, au sommet duquel nous marchions.

D'ici, deux anomalies apparaissent.

La première est désormais récurrente : les larges sillons, ces *scoops* inexplicables, présents verticalement sur l'intégralité de la surface. Sur la partie du mur la moins renfoncée, on notera la présence de quatre carrés taillés dans la roche. De toute évidence, nous avons là des restes de l'appareillage (non, je n'ai toujours pas dit *machines*) installé pour extraire les blocs. Que ces encoches carrées aient servi au levage ou au creusage du granit, elles ne sont pas le résultat des boules de dolérite qui, malgré cette accumulation de contre-arguments, restent avancées comme explication principale de l'aspect étonnant de ce mur.

La seconde démontre que ce mur ne saurait être l'œuvre de machines modernes. Il faut bien garder à l'esprit que l'on pourrait présenter le modernisme pour en expliquer l'aspect lisse, droit, faisant presque penser à un parking en construction où le ciment semble se fissurer. Non. N'en déplaise aux fervents supporters des technologies avancées, tout est naturel ici. L'aspect général est le simple résultat des blocs extraits, de tailles et formes différentes, qui donnent cette impression de renfoncement. Pour ce qui est des « fissures dans le ciment », nous sommes simplement face à des imperfections naturelles du substrat rocheux.

Quel est donc cet élément indiscutable, cette anomalie, qui permet de comprendre que tout cela est d'époque, fait avec les techniques inconnues ? Je vous invite à vous diriger tout d'abord sur la première photo qui suit. Dans la zone où croupit l'eau la plus foncée, vous trouverez un petit monticule sur lequel gît un immense bloc. Sur la moitié droite de ce bloc, une forme arrondie.

À présent, remontez votre regard vers le mur qui surplombe ce bloc. Vous verrez parfaitement le haut du mur comme étant la partie de laquelle ce bloc a été désolidarisé. Il en a été extrait purement et simplement. Comment le savoir ? Reportez-vous maintenant sur la seconde des deux photos qui suivent. Vous y verrez le gros plan de ce bloc présentant incontestablement les *scoops* synonymes d'extraction antique. De plus, ces formes de cuillères sont présentes sur la partie du bloc qui, avant sa chute, était solidaire de la paroi. Nous comprenons donc qu'il n'y a plus aucun doute. Les scoops sont intrinsèques aux vraies techniques d'extractions et n'ont rien à voir avec la supposée méthode « au bois ». Ces techniques au bois sont connues pour être récentes (historiquement parlant) et ne sont jamais présentes sur les zones qui posent problème. Elles ne sont jamais présentes aux abords des obélisques. Elles ne sont jamais présentes à proximité de mégalithes dont l'extraction en serait directement issue. À l'inverse, nos magnifiques traces de godets/cuillères/*scoops* sont omniprésentes. Partout où les anciens ont travaillé le granit, il n'y avait qu'une seule méthode connue et employée : celle qui nous laisse perplexe devant ce formidable héritage.

Le mur recouvert des fameux « scoops », cuillères

Le bloc en gros plan

Que d'émotions, et pourtant ce n'est pas fini ! Comme un vilain garnement qui roderait dans la cours d'école de l'Égyptologie, il reste un dernier petit coup d'orteil à mettre dans la fourmilière affabulatrice de ces lieux magiques. Pour ce faire, je vous invite une dernière fois à vous reporter au cliché illustrateur qui suit.

Imaginez l'obélisque achevé. Vous le trouverez vu depuis sa pointe, dans la position d'origine, avant extraction. D'entrée, cet environnement semble bien trop hétéroclite pour y poser les engins de levage en toute sécurité. Sécurité des ouvriers et de l'obélisque sacré, je le rappelle, commandé par la reine Hatshepsout. Aucune zone n'est plane. Pour parler crument, un sacré bordel pour ne pas dire un bordel sacré. Visiblement cela ne semblait déranger personne.

Nous dit-on, l'on aurait alors été capable de dérouler la supposée logistique : attendre la montée des eaux pendant les crues du Nil, amener un bateau sur les berges aménagées temporairement, soulever l'obélisque, le placer sur le bateau et l'emmener jusqu'à Louxor. Qui vient de dire « Soulever ? Comment ? » ? ! Je ne tolèrerai plus ce genre de pensée insolente ! Insolente, comme la facilité avec laquelle le levage était envisagé. Levage, et soulèvement pour poser les 1 200 tonnes sur l'embarcation affrétée pour l'occasion. Face à tant d'incompréhension, je sollicite les services du guide local pour obtenir quelques clés logiques.

Pour hisser le bloc et le poser sur le bateau, il y aurait eu entre dix et vingt mille hommes répartis sur toute la zone, entassés comme les sardines si chères à Patrick Sébastien. Concernant cette dernière partie qui consiste à basculer l'obélisque sur un bateau je demande comment techniquement cela était réalisé.

« Avec des cordes, des plateformes permettant de bouger l'obélisque »

« Oui, mais comment ? »

Il réitère. « Avec des cordes, des plateformes permettant de bouger l'obélisque jusqu'au bateau. »

Je réitère. « Oui, mais comment ? Techniquement et précisément, quel était le procédé démontrable et démontré qui aurait permis cela ? »

Jan Niedbala

« Ça on ne sait pas vraiment, mais ils ont fait comme ça. » Nous avons de plus en plus l'impression d'être des enfants à qui les adultes tentent de faire avaler des couleuvres. Ça en devient pénible.

À ce jour, personne n'est capable de démontrer comment cela a été fait. Ni comment cela a été fait pour les obélisques de Louxor et Karnak qui sont aujourd'hui debout. À ceci j'ajouterai qu'en haut à droite de la photo ci-dessous, une zone de plusieurs milliers de mètres cubes viendrait polluer toute logistique de levage. Empiétant jusqu'au pied de l'obélisque, il aurait fallu « raser » cette zone pour qu'il puisse être déplacé. Un travail colossal qui vient à l'encontre de tout bon sens logistique. En se reportant à la photo de la première page de ce chapitre, on se rend compte qu'il aurait simplement suffit de remonter la zone d'extraction d'une dizaine de mètres pour entrevoir un travail serein lors du moment crucial du levage. Pourtant cela n'a pas été fait. Cette décision confirme que l'extraction pouvait avoir lieu en absorbant la contrainte physique de cette zone gênante, et par voie de conséquence discrédite la théorie officielle qui aurait requis l'élimination de ladite zone gênante.

Sacré bazar pour installer le matériel nécessaire au levage, non ?

Il y a cependant un élément qui me fait garder espoir dans cette quête de vérité. Depuis deux ans, à chaque fois que je retourne dans la carrière d'Assouan, les fameuses boules de dolérite sont plus nombreuses. Beaucoup plus nombreuses. Elles semblent pousser comme des champignons (vénéneux, of course). J'y vois un aveu alarmant de l'*establishement* qui, dépassé par ses incohérences de plus en plus fréquemment soulevées avec logique et précision, se trahit en multipliant les « preuves » des théories avancées. Un acte de désespoir qui me confirme être sur la bonne voie !

Jan Niedbala

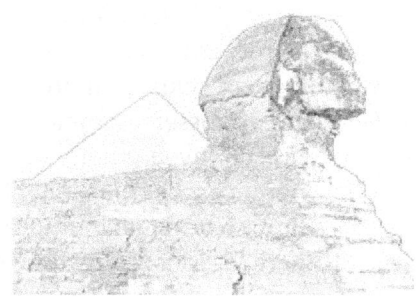

L'ÎLE ÉLÉPHANTINE

Époque ptolémaïque, argile approximatif. Oui.
Époque ptolémaïque, mégalithes en granit. Non.

Discussion d'avril, sans poisson !

J'entends « Non, vous n'avez pas le droit d'aller là »

« Ah bon, première nouvelle »

« Oui, c'est à cause des fouilles archéologiques »

« Désolé, je viens ici trois fois par an depuis des années et je n'ai jamais vu le moindre archéologue »

« Oui car les fouilles arrêtent fin mars » (tiens, comme par hasard !)

« Et elles commencent quand ? » dis-je avec l'intonation taquine que vous imaginez

« En octobre »

« Alors pourquoi même en octobre, décembre et février n'ai-je vu personne ici ? »

« ... »

« C'est ce que je pensais...C'est pas bien de mentir vous savez ? Maintenant moi j'ai un groupe à guider » concluais-je me frayant un frêle passage entre les deux « gardes » qui pensaient nous barrer le passage pour une raison qu'eux-mêmes ignorent.

Arrivant directement de la carrière de l'Obélisque, nos t-shirts marqués de transpiration sacrée n'ont pas le temps de sécher. Sur l'Île Éléphantine, appelée Abu ou Yebu par les Anciens Égyptiens, il y fait tout aussi chaud.

Selon la tradition, l'Île Éléphantine serait le lieu dédié à Khnum, le Dieu à tête de bélier dont le temple a été reconstruit intégralement pendant la XXXème Dynastie (- 380 à - 341).

Jan Niedbala

Avant de plonger dans les restes présents sur l'île, nous nous arrêtons dans le musée où malheureusement les photos sont interdites. Un vrai plaisir de voir les artefacts présents datant supposément (comme la *naos* que nous aborderons dans un instant) de la XXXème Dynastie et de l'époque ptolémaïque qui suivi peu après. Profitons-en pour établir un rappel historique. À la fin des dynasties égyptiennes, la période gréco-romaine débute. Les grecs, gargarisés par le charisme de Ptolémée, dirigent les terres égyptiennes de - 305 à – 30. Durant cette période ils conservent la plupart des croyances et traditions locales, incorporant même les déités égyptiennes aux leurs. Ensuite, les Romains et Byzantins occupent les lieux jusqu'en 600 après JC, arrivée des musulmans.

Un vrai plaisir, disais-je donc. Les artefacts de ce musée, pièces de vaisselles en tous genres, sont de piètre qualité. De vulgaires poteries en pierre ou argile aux formes affreusement approximatives et irrégulières. Pourtant elles sont supposées être contemporaines au *naos* de Nectanebo II, qui est la raison de notre venue sur l'île. Vous verrez dans quelques lignes que ceux qui ont su réaliser ce *naos* ne se seraient jamais autorisés une telle pauvreté d'ouvrage sur les artefacts aux tailles modestes. Quand bien même ces dates seraient légitimes, comment expliquer qu'à Saqqarah ou au Musée du Caire des pièces datant de -2400 (date officielle) sont d'une perfection difficilement concevable ? La perte de compétence au fil du temps n'est donc plus à prouver, même par les considérations académiques.

Une fois la rapide visite du musée terminée, nous pouvons marcher jusqu'à la pièce de résistance, le *naos* de Nectanebo II. Ce *naos*, quasiment intact, est identique à celui que l'on retrouve dans le Temple d'Horus à Edfou et constitue un élément d'une précision bluffante. Ce bloc de granit rose est un monolithe qui met en doute l'utilisation des outils de cuivre et bronze habituellement attribués aux bâtisseurs de l'époque.

Page suivante, Naos similaire. Temple d'Edfou.

L'imposant bloc est une énigme pure. Lorsque l'on visite le Temple d'Horus il n'est pas possible de s'approcher du *naos*. Le public, obéissant, reste derrière la cordelette placée à près de dix mètres du fauteuil royal, construit pour accueillir des statues de divinités. Difficile alors de se rendre compte de l'immense travail nécessaire à sa réalisation.

Sur l'île Éléphantine cependant, en étant à quelques mètres, que dis-je, à peine une coudée de distance, nous comprenons l'absurdité de la chose et revenons au noyau qui anime ce livre. Ici, pas de polissage en dolérite. Uniquement des outils de cuivre, selon notre guide. Nous retombons dans le débat qui s'appuie sur l'échelle de Mohs et invalide l'utilisation de ces outils. Nous avons vu qu'il est envisageable de forer du granit avec des outils de cuivre[33]. Oui. Il est cependant impossible de le tailler avec ces mêmes outils. Tailler du granit avec un burin de cuivre, c'est comme rayer ou casser une vitre avec une plaquette de beurre. Invariablement, y'en a un qui gagne, et un qui perd...L'Égyptologie classique ne livre pas d'option alternative à la confection de ce *naos*. Nos questions restent donc en suspens. Comment ont-ils réalisé cela ? Creuser et vider un bloc de granit ? Avec quels outils ? Et comment ont-ils transporté l'objet ?

J'enquête

---

[33] *Cf Chapitre 3, Abousir*

Sous toutes les coutures

Formidable précision

Résultat d'outils en cuivre ?

Un travail parfait...

... que l'on ne peut expliquer aussi simplement...

Lorsque l'on déambule dans la zone que l'on souhaitait initialement nous interdire, chacun est envahi d'un sentiment étrange en voyant son aspect cataclysmique. Quel chamboulement aurait dû survenir pour que des éléments si lourds soient renversés et brisés en mille morceaux ? Serions-nous face à de nouvelles preuves d'une catastrophe planétaire qui marqua la fin d'un cycle civilisationnel et que l'on retrouve dans des dizaines de textes sacrés ?[34] [35] [36] [37] [38]

Un érudit français, Jean-Louis Bernard, s'est essayé à la définition de ce cataclysme.

« Série de catastrophes qui se produisirent vers l'an 9 ou 10 000 avant notre ère, en touchant l'ensemble de la planète, et à propos desquelles il y a accord entre la Tradition et la science moderne. Enumérons ces cataclysmes : en Europe, fin de la dernière période glaciaire, peut-être à la suite d'une montée du pôle vers le nord actuel, par compensation, le dessèchement du Sahara préluda ou s'accéléra ; fin probable de l'archipel

---

[34] *Le Déluge, dans la Bible*
[35] *Destruction de l'Atantide, par Hérodote dans Histoires*
[36] *La Cosmogonie Azteque*
[37] *Les Védas, en Inde*
[38] *Arrivée de Viracocha apres un cataclysme dans les croyances andines*

d'Atlantide ; en Afrique orientale, exhaussement brutal des monts, avec disparition d'une mer intérieure (aux sources du Nil) et d'un archipel (Pount), vers l'océan Indien ; exhaussement possible des Andes, avec disparition d'archipels en océan Pacifique (et isolement de la fameuse île de Pâques)... »[39]

Ils sont nombreux à avoir étudié la question en profondeur. L'ouvrage de référence à ce niveau est issu de la plume de Graham Hancock, *L'Empreinte des Dieux*. Il y aborde de manière extrêmement documentée tous les restes antiques qui jonchent notre planète, se base sur des concordances scientifiques et climatologiques pour réassembler le tout avec une cohérence inégalée. Toujours objectif, il dresse le puzzle de notre passé antique et offre une réflexion qui semble plus proche de cette réalité perdue que tout ce que l'on a pu en dire jusqu'alors.

En dehors du *naos* qui est miraculeusement intact (mais renversé et couché sur le dos) nous pataugeons dans une marre de restes lisses, brillants, et non moins mystérieux. Faits de basalte ou granit noir, ils confirment qu'une technologie ou des techniques autres que les outils de bronze et cuivre furent sollicitées pour mener à bien ces projets architecturaux d'un autre monde.

---

[39] *Les archives de l'insolite, 1978*

Zone cataclysmique

Immenses débris

La visite de l'île Éléphantine est une rapide halte dans mes voyages, mais demeure un spectacle aussi court qu'inattendu pour les passionnés que j'y emmène. Un spectacle qui arrive à point nommé après Gizeh,

Dahchour, Saqqarah, et la carrière d'Assouan pour nous indiquer sans équivoque que nos chers rédacteurs d'Histoire ne sont peut-être pas venus épier tous les sites avant de tirer leurs conclusions. La suite du voyage prend alors une toute autre tournure et se fait désormais en mode « alternatif » …même pour les esprits initialement récalcitrants !

Un de mes groupes en pleine inspection

On comprend l'échelle folle de ce monolithe. Un seul bloc de granit.

Le Guide Secret de l'Égypte Ancienne

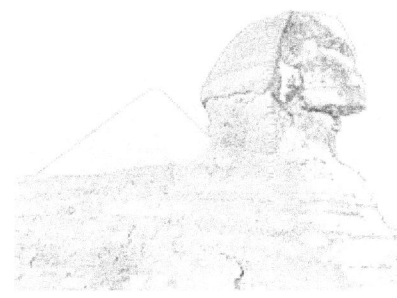

LE RAMESSEUM

« J'ai rencontré un voyageur venu d'une terre antique
Qui m'a dit : « Deux immenses jambes de pierre dépourvues de buste
Se dressent dans le désert. Près d'elles, sur le sable,
À moitié enfoui, gît un visage brisé dont le sourcil froncé,
La lèvre plissée et le sourire de froide autorité
Disent que son sculpteur sut lire les passions
Qui, gravées sur ces objets sans vie, survivent encore
À la main qui les imita et au cœur qui les nourrit.
Et sur le piédestal il y a ces mots :
"Mon nom est Ozymandias, Roi des Rois.
Voyez mon œuvre, vous puissants, et désespérez !"
À côté, rien ne demeure. Autour des ruines
De cette colossale épave, infinis et nus,
Les sables monotones et solitaires s'étendent au loin. »
                Ozymandias, poème de Percy Bysshe Shelley, 1817

Jan Niedbala

Il y a les classiques indémodables et il y a ces petits lieux où l'on se sent bien sans trop savoir expliquer pourquoi. Le Ramesseum en fait partie. Peut-être que ce nom ne vous est pas (encore) familier, et pour cause ! Outre quelques pelés locaux qu'on y croise, je n'ai guère vu plus de vingt occidentaux depuis les années que j'arpente ce temple dédié au pharaon Ramsès II.

C'est Champollion qui a découvert le site sur la rive ouest de Louxor en 1829 et qui en a déterminé l'origine en y interprétant des hiéroglyphes. Le nom complet et originel du site était, *achtung* attachez vos ceintures... » Le château de millions d'années d'Ousermaâtrê-Setepenrê qui s'unit à Thèbes la cité dans le domaine d'Amon, à l'occident ». Vous ne comprenez pas tout ? Et si je vous dis qu'Ousermaâtrê-Setepenrê est nom de couronnement de Ramsès II, ça va un chouïa mieux ?

Le Ramesseum de l'époque dynastique (construction estimée en -1279) est composé de cinq parties. Comme à l'accoutumée, l'entrée se fait par un pylône précédant une première cour et c'est ici que la visite révèle son plus beau joyau.

Ce joyau, objet le plus époustouflant de ce site, et à mes yeux de l'Égypte toute entière, est une statue de granit que l'on pense représenter Ramsès II lui-même, assis, vêtu d'un pagne et d'un *Nemès*, la coiffe la plus emblématique des pharaons. Nous sommes dans le temple dédié au culte de la mort de ce pharaon, dieu sur Terre. Par conséquent, tout est envisageable et acceptable en termes de démesure. Les Colosses de Memnon[40] sont certes connus et reconnus pour être les plus grandes statues d'Égypte, mais celle du Ramesseum, bien que brisée, n'est pas en reste. Jugez plutôt. Contrairement aux « Colosses » qui sont encore sur pieds, il ne reste de cette statue que le torse, les pieds, et quelques éléments qu'il ne faut surtout pas manquer pour mesurer son échelle.

---

[40] *Cf Chapitre 7*

Ma femme donnant l'échelle à côté d'une...rotule ! Ce que vous voyez au-dessus sont les extrémités des doigts posés sur les cuisses lorsque la statue était représentée assise...

Pieds d'origine en granit.

Pieds modernes calcaires retaillés à la main. Belle évolution des techniques...

Initialement cette statue de dix-neuf mètres de hauteur, sans compter l'immense socle sur lequel elle reposait, pesait plus de mille tonnes. Elle fut laborieusement (ou pas) transportée depuis Assouan, deux cents cinquante kilomètres au sud. Peu de gens s'en rendent compte, mais nous sommes face à la plus grande statue du monde, si l'on exclut les statues réalisées *in situ* qui n'ont par la suite nécessité aucun transport, comme par exemple le Bouddha de Leshan au Sichuan et ses soixante et onze mètres de haut taillés directement dans la montagne.

À gauche, le socle monolithique sur lequel reposait la statue. Poids estimé : 250 à 300 tonnes. À droite, la statue vue depuis son flan arrière gauche. On repère l'arrière de la coiffe (tout à droite), puis l'épaule et un début de bras cassé avant le coude marqué par la protubérance arrondie.

Le comportement des voyageurs que je guide là-bas est généralement le même. On accuse réception de la statue, on se dit qu'elle est tout de même immense, tout en montant le petit escalier qui mène vers la deuxième cour. Une salle hypostyle apparaît, puis une autre, plus modeste dans laquelle nous retrouvons huit colonnes que l'on appelle « salle astronomique », pour finir par la bibliothèque du Ramesseum, aussi appelée « Salles des litanies ». Chargés d'émotions, les voyageurs s'assoient pour écouter les explications du guide académique qui nous mèneront quelques dizaines de mètres plus bas, au milieu des murs de briques. Nous y voyons un four. Un four extrêmement rudimentaire qui ressemble fortement à ce que j'ai vu en 1994, alors petit alsacien de neuf ans, au château du Haut-Koenigsbourg. Ce château avait été construit près de quatre cents ans durant, du XIIème au XVIème siècle.

Dans un souci de transparence d'informations je demande confirmation au guide. Il répond par la positive. Le four est bien contemporain à la construction du Temple de Ramsès II.

Et là…c'est le drame. Le sang des voyageurs ne fait qu'un tour. Mes yeux et oreilles se mettent à saigner ! Par quel miracle un peuple doté de compétences permettant la réalisation de la statue que nous venons de croiser n'aurait-il pas su confectionner un four acceptable ? D'ailleurs, il n'y a qu'un seul four rikiki, qu'une seule cuisine, pour ce lieu qui couvre une surface de 50 000 mètres carrés…Non, décidemment c'en est trop ! Tel un régiment de légionnaires à qui l'on vient d'indiquer que la souplette est servie, mes voyageurs rebroussent tous chemin d'un pas alerte, cadencé et synchronisé, pour revoir cette impensable réalisation pesant aussi lourd que mille voitures citadines.

La « cuisine » et le « four » si si, il est là regardez bien ! Sont-ce les mêmes qui ont fait ce four, ces murs et la statue ? Nous avons tous la réponse…

Les superlatifs ne manquent pas à l'appel et notre pauvre guide sent qu'il a perdu le groupe pour le reste de la visite. J'attends un bon quart d'heure que les esprits abdiquent devant l'imposant monolithe et en profite subtilement pour attirer l'attention de mes explorateurs en herbe sur une tête, posée là, toute seule. Non pas la tête de Tortuga, froidement assassiné dans un épisode de *Breaking Bad*, mais toujours celle de Ramsès II.

Avec des oreilles si parfaites, cette tête a dû en entendre des vertes et des pas mûres.

Enfin « parfaites »… À y regarder de plus près, on se rend compte qu'effectivement une fois terminées la qualité des oreilles était proche de la perfection. Sans outils de mesure, on ne peut cependant quantifier cette perfection. Par contre, ce que l'on peut faire c'est de souligner qu'il semble que les artisans de l'époque se souciaient plus de la qualité du rendu final que de l'exactitude des reproductions anatomiques humaines. Une tendance que l'on abordera également dans le chapitre consacré au Temple de Louxor.

Les détails et le niveau de finition des formes de cette oreille sont sublimes. Pourtant, anatomiquement parlant, cette oreille n'est pas entièrement identique à ce que nous renvoie le miroir. Nous sommes face à ce que Christopher Dunn appelle de la « précision mécanique et économique »[41]. Les compétences de l'époque étaient telles qu'elles permettaient sans écueil de reproduire à l'identique tous types de modèles. Nous pouvons en conclure que le but recherché des statues était bel et bien esthétique et symbolique, plus que technique. La recherche de perfection esthétique primait sur l'exactitude des représentations. Enfin un point sur lequel académiques et alternatifs s'entendent !

---

[41] *Lost Technologies of Ancient Egypt*

Un voyageur intrigué par la beauté de cette tête.

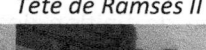

Tête de Ramsès II

Une oreille parfaitement symbolique

C'est l'heure du quartier libre avant de rejoindre le bus qui nous emmènera aux Colosses de Memnon. Chacun y va de ses envies, toutes comblées par le bel éventail que déploie ce site sur lequel nous sommes encore seuls. Dans cet éventail, tradition contestataire oblige, l'action des voyageurs se recentre sur les hiéroglyphes taillés dans le granit rose. Ce qui était valable pour l'Île Éléphantine[42] l'est pour le Ramesseum : comment ont-ils taillé le granit pour en sortir de si harmonieuses et profondes formes ? Ici non plus, nous n'aurons pas de réponse…

---

[42] *Cf Chapitre 5*

Hiéroglyphes sur le piédestal de la statue devant le Cartouche de Ramsès II. Littéralement r-msi-sw mri-imn, ou Ramessu mery Amun. « Ra l'a engendré » son nom de naissance.

Ramsès II version « sobre »

Cartouche de Ramsès II. Littéralement wsr-mAat-ra stp.n-ra, ou User Maat Ra, setep en Ra. « La Justice de Ra est puissante, l'élu de Ra » son nom d'intronisation.

Le Guide Secret de l'Égypte Ancienne

*Avant de l'épaule et du bras de Ramsès II.
Taille des hiéroglyphes : un mètre de large.*

La statue au loin vue depuis le fond de la première salle hypostyle.

Un voyageur contemplatif

Le Guide Secret de l'Égypte Ancienne

14 personnes pour occuper la largeur allant de la tête à la moitié du bras droit...

Jan Niedbala

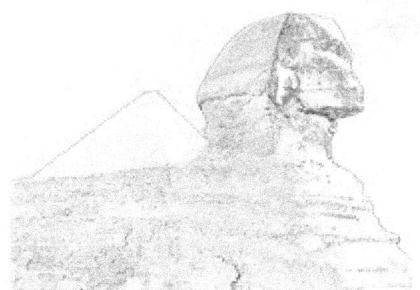

LES COLOSSES DE MEMNON

« *Apprends, ô Thétis, toi qui résides dans la mer, que Memnon respire encore et que, réchauffé par le flambeau maternel, il élève une voix sonore au pied des montagnes libyques de l'Égypte, là où le Nil, dans son cours, divise Thèbes aux belles portes, tandis que ton Achille, jadis insatiable de combats, reste à présent muet dans les champs des Troyens, comme en Thessalie.* »

Poème d'Asclepiodotos, 475-480 après JC

Stoïques, impressionnants, rassurants, intimidants, parfois menaçants, les Colosses de Memnon, surplombent la rive ouest de Louxor depuis des millénaires avec une sérénité sans pareil.

Vestiges du temple d'*Amenhotep III* qui fut rasé par un tremblement de terre en -27, ces deux Colosses sont des représentations du pharaon assis sur le trône de ses ancêtres, mains posées sur les genoux avec de chaque côté de ses jambes, les femmes de sa vie : sa mère *Moutemouia* et son épouse *Tiyi*.

Il conviendra de comprendre d'abord, théorie oblige, pourquoi ces Colosses sont des figures d'*Amenhotep III* (XIVème siècle avant JC) alors qu'on les appelle *Memnon*. Historien et géographe grec, Strabon est le premier à rapporter l'existence des Colosses.

« Sur cette même rive se dressaient naguère presque côte à côte deux colosses monolithes : de ces colosses, l'un s'est conservé intact, mais toute la portion supérieure de l'autre à partir du siège a été renversée, à la suite, paraît-il, d'un violent tremblement de terre. »[43]

Le tremblement de terre cité avait fissuré le colosse de « droite », du bassin jusqu'à son épaule. Lorsque de brusques changements de température ou d'humidité survenaient, sous l'effet du vent la pierre se mettait à vibrer et à émettre un léger sifflement étrange. La légende veut que ces sifflements soient en fait les lamentations de Memnon, roi éthiopien et héros de la Guerre de Troie (tombé au combat contre Achille), s'adressant à sa mère, Éos. Plus tard, l'empereur romain Septime Sévère fit restaurer la statue à l'aide de blocs de grès. Dès lors, plus aucune « plainte » ne se fit entendre !

Les Colosses de Memnon sont avant tout des merveilles mais surtout des énigmes. Leurs dimensions sont...colossales : plus de dix-huit mètres de haut, avec un piédestal rectangle de 10,5 x 5,5 x 2 mètres, pour un poids total estimé de plus de 720 tonnes chacun ! Sempiternelle interrogation : comment de telles masses ont-elles pu être transportées ?

---

[43] *Géographie*, Strabon

Improbable démesure.

Contrairement au Ramesseum[44], les statues ne sont pas en granit, mais en grès. Ce grès provient de deux lieux distincts et ouvre certaines pistes de réflexion. Le premier lieu se trouve entre Edfou et Kom Ombo. C'est là que les romains prirent les blocs de restauration, à seulement 150km au sud. Les blocs d'origines, eux, viennent de beaucoup plus loin, de la carrière el-Gabal el-Ahmar. Cette carrière est située à proximité du Caire, à presque 700 kilomètres de là. Pourquoi être allés aussi loin au lieu de ramener les matériaux de la carrière la plus proche ?

Aujourd'hui méconnaissables, les deux Colosses étaient identiques lors de leur réalisation. Ils ne différaient que part les inscriptions qui y ont

---

[44] *Cf Chapitre 6, Ramesseum*

été apposées, et pataugeaient gaiement dans les eaux du Nil pendant les crues.

Stèle du flanc gauche de la statue sud

Ces crues parlons-en ! Oublions un instant ce que l'on pense savoir sur les chronologies de construction de temples à Louxor. Nous savons que les anciens égyptiens vénéraient l'étoile Sirius dont le lever héliaque coïncidait à l'apparition des premières crues du Nil. Le lever héliaque d'une étoile correspond au moment où elle devient visible à l'œil nu, orientation Est, à l'aube. Ce lever intervient après que l'étoile ait été cachée sous l'horizon, généralement noyée par la luminosité du Soleil.[45]

J'ai toujours été étonné de voir que les « égyptiens » aient construit un grand nombre de leurs réalisations les plus remarquables dans des zones sujettes aux crues du Nil. Pourquoi ne pas être allé un peu plus loin dans les terres avant d'entamer les édifications ? Cela aurait permis une simplification architecturale, sans le besoin des « enceintes protectrices », tout en assurant une meilleure pérennité des temples, alors libérés de toute menace fluviale. De surcroit, ce principe de précaution viendrait souligner la pensée sacrée pharaonique qui n'a guère pour coutume de s'infliger délibérément des contraintes aussi lourdes que celle des crues du Nil. Les crues du fleuve fertilisent la terre et garantissent l'abondance. Elles sont à l'origine du développement antique de l'économie, la démographie, l'agriculture et la religion. Bref, de toute la vie. Si bien, que le fleuve nourricier fut divinisé sous le nom d'Hâpy, personnification de la crue du Nil dans la mythologie égyptienne.[46]

Comment accepter sans rechigner qu'un peuple si développé ait consenti à construire tant de merveilles pour les voir tremper quatre mois par an dans le limon noir délivré par le Nil ? Quatre mois par an ? Un tiers de l'existence totale de lieux au rayonnement prédominant ? Il y a un élément qui défie le bon sens. Pourrait-on se permettre le blasphème d'envisager que ces sites furent construits à une époque si reculée que les crues du Nil n'existaient pas encore ? Si le Sphinx a pu être construit il y a plus de 12 000 ans[47][48][49][50] dans une ère au climat radicalement différent du nôtre, où le désert du Sahara égyptien n'existe pas, où le plateau de

---

[45] *Une histoire de l'astronomie,* Jean-Pierre Verdet
[46] *La Mythologie égyptienne,* Nadine Guilhou et Janice Peyré
[47] *Cf Chapitre 12, Le Grand Sphinx*
[48] *Le Mystère du Grand Sphinx,* Robert Bauval & Graham Hancock
[49] *Serpent in the Sky,* John Anthony West
[50] *The Land of Osiris,* Stephen Mehler

Gizeh est luxuriant, qu'est ce qui nous empêche de penser qu'il pourrait en être de même pour les Colosses et autres temples construits aux bords du Nil ?

Aujourd'hui, le Nil Blanc venant des régions équatoriales d'Afrique centrale permet au Nil de traverser le Sahara sans jamais manquer d'eau. Au niveau de Khartoum, la capitale soudanaise, le Nil Blanc est rejoint par le Nil Bleu issu des régions tropicales des hauts plateaux éthiopiens. Le Nil Bleu amène avec lui un débit gonflé par les fortes pluies printanières. Quelques milliers de kilomètres plus au Nord, ce surplus de débit se traduit par les fameuses crues annuelles d'Égypte. Voilà le mécanisme des crues du Nil tel qu'il fonctionne depuis que le climat le permet.

Mais si nous remontions à une période si lointaine qu'elle n'est même pas considérée par l'Histoire officielle, que se passerait-il ? Lorsque l'on dit « si lointaine », pas besoin d'imaginer des millions d'années, ni même 12 000 ans. Nous pourrions simplement remonter en -6000 ! Le Dr David Wright, chercheur au département d'Archéologie et Histoire de l'Art de la Seoul National University émet une hypothèse selon laquelle le Sahara se serait asséché il y a seulement 8 000 ans[51]. Cela nous plongerait une fois de plus dans un cas de figure prédynastique où la présence de l'homme développé dans la région est envisageable. Plus intéressant encore, le Dr David Wright explique que cet assèchement serait le fruit de l'activité humaine. Sédentarisation importante et flux humains massifs auraient modifié l'écosystème de manière à ce qu'une période estimée à 1000 ans eut suffi à désertifier un Sahara verdoyant et parsemé de lacs.

La possible chronologie révisée se verrait confirmée par ce récent papier académique authentifié[52]. Depuis les « temps immémoriaux », dans une région au climat favorable, l'Homme se développe et bâtit une société hautement avancée de laquelle émane le Sphinx, les Pyramides et les Temples. Cette harmonieuse civilisation atteint son apogée, et par inhérence se dirige vers le déclin cyclique auquel toute civilisation est vouée. Ce déclin se solde par des impacts climatiques tels que la nature

---

[51] *Frontiers in Earth Science, Humans as Agents in the Termination of the African Humid Period,* article du 26 janvier 2017

[52] *Frontiers in Earth Science, Humans as Agents in the Termination of the African Humid Period,* article du 26 janvier 2017

omnipotente, le *Neter* si cher à la pensée égyptienne, soit profondément transformée. Le désert aride naît. Diminués et mortifiés par le tragique destin qui s'est déployé durant des centenaires, les hommes persistent humblement et revoient leur mode de vie en héritant de ce glorieux passé antique.

Que l'on suggère une action de l'Homme, un cataclysme soudain ou un changement climatique global à la fin de la dernière ère glaciaire, le résultat est le même. À leur naissance, Temples, Sphinx et Pyramides n'avaient les pieds ni dans le sable, ni dans l'eau. Le climat a changé. Il a transformé la planète toute entière à une époque située entre -12000 et -5000. *Bu Wizer*[53] devient aride. Pyramides et Sphinx découvrent les caprices ensablés de leur nouvel écosystème. Les pluies gonflant le Nil Bleu apparaîssent et avec elles les crues qui obligent les réalisations d'un autre temps, d'un autre monde, à faire trempette le long du Nil.

Autre proposition, connue, officielle et ancrée dans notre subconscient depuis le plus jeune âge : en se basant sur des analyses symboliques dont les conclusions laissent des blancs chronologiques dès 600 avant JC, les « égyptiens » construisent (on ne sait comment) des Pyramides et un Sphinx dans des zones hostiles, ensablées, quasi impraticables, ainsi que des temples sacrés qui seront inondés quatre mois par an.

Des deux, il n'y a pas de solution qui soit entièrement vraie, ni entièrement fausse. Aucune des deux n'est démontrée. Pourtant l'une nous est matraquée comme vérité au détriment de l'objectivité climatique[54] et géologique[55]. Elle nous est imposée en faisant fi de la logique guidée par un regard qui se force à rester vierge de toutes considérations et prérequis. Le débat devrait pouvoir rester ouvert entre académiques et alternatifs afin de confronter les avis, les arguments, en espérant avancer ensemble sur le chemin de nos origines sans monter

---

[53] Zone géographique allant de Abou Rawash à Dahchour (*The Land of Osiris*, Stephen Mehler)
[54] *L'empreinte des Dieux*, Graham Hancock
[55] *Cf Chapitre 12, Le Grand Sphinx*

dans la voiture de l'horrible suffisance moderne de l'Homme qui nous conduira fatalement dans le mur.

Les Colosses en 1965, les pieds dans l'eau

Jan Niedbala

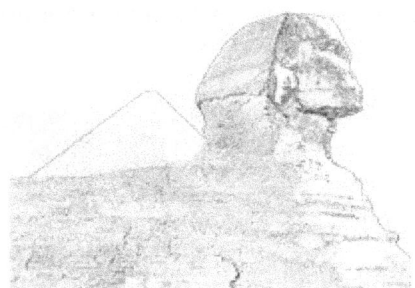

LE TEMPLE DE LOUXOR

« *Nous devons, une fois pour toutes, concevoir le temple pharaonique comme une semence en train de gester son fruit. Le Neter est principe de vie, le temple est sa maison.* »
Le Temple de l'Homme, R.A. Schwaller de Lubicz.

Entreprise par l'architecte *Amenhotep* vers -1300, sous le règne d'Aménophis III, la construction du Temple de Louxor est dédiée aux divinités Amon, souverain des dieux, son épouse Mout, et Khonsou, leur fils et Dieu lunaire. « Louxor », comme on l'appelle plus communément, était initialement relié au premier pylône du Temple de Karnak par un dromos, une allée longue de 2,5 km bordée par 700 sphinx, traversant ainsi toute la ville de Thèbes. Aujourd'hui, seules les extrémités de ce dromos subsistent.

Partie finale de l'allée de Sphinx débouchant sur le Temple de Louxor

Peut-être le sujet le plus ambitieux de ce guide, le Temple de Louxor est sans conteste le temple égyptien le plus connu. La manière dont il est connu ne diffère guère de celles dont sont connus les autres temples du pays. Des pharaons, des règnes, des constructions, des dates, des symboles, entremêlés, ou non, suivant les époques desquelles ils sont issus. Ce qu'il manque là-dedans est une vision d'ensemble qui soit capable de démêler tous ces éléments, pour les réassembler avec la justesse qu'ils méritent. Rares sont ceux qui se sont risqués à la périlleuse gymnastique. C'est ce que Schwaller de Lubicz a tenté et géré avec maestria durant plus de quinze années passées sur les lieux.

Le résultat de cette dévotion est le miraculeux ouvrage intitulé *Le Temple de l'Homme*.

Schwaller de Lubicz s'installe en Égypte en 1938 et étudie la symbolique du Temple de Louxor pendant dix-sept ans. Le *Temple de l'Homme* reprend le temple sous toutes ses coutures pour démontrer qu'il constitue une synthèse architecturale du corps humain. Un concept peu évident à appréhender et qui pourtant éclate comme une sublime vérité lorsque l'on s'y penche de plus près. Un livre multidimensionnel à ciel ouvert enseignant la science sacrée. Une science magique, présente de la vie à la mort, guidant l'art des transformations vitales au gré des lois impénétrables cosmiques et universelles desquelles nous découlons.

Avant que l'on ne m'étiquette comme fervent défenseur des textes sur la pensée pharaonique - souvent alambiqués, parfois incompréhensibles – de Schwaller, mon honnêteté m'oblige à dire publiquement qu'il fait l'objet de vives critiques. Certains disent qu'il ne vise qu'à étaler sa prose pour éblouir d'humbles passionnés qui ne trouvent de réponses dans les œuvres classiques. Son style est décrié pour être volontairement controversé avec comme unique visée de séduire les lecteurs en manque de sensations fortes.

Nonobstant la masse de critiques qui continuent de s'élever contre son travail, le prisme à travers lequel il nous présente le temple est stupéfiant. Le temple n'est pas un vecteur d'enseignement. Le temple *est* l'enseignement. Pas l'enseignement de différents mouvements de pensée. L'enseignement de savoirs multiples, liés entre eux, résultant en une convergence des sciences. Le temple est un puzzle créé pour la plus grande joie des initiés qui auront à cœur de gratter et déchiffrer la surface d'énigmes qui révèleront une signification bien plus profonde. Un puzzle dont les pièces constituent les proportions du corps humain idéalisé. Le temple ne fait pas que réfléchir le modèle du corps humain. L'architecture et les reliefs eux-mêmes révèlent l'anatomie métaphysique de l'Homme. Un pur chef d'œuvre symbolique.

Profil du pylône d'entrée précédé des statues de Ramsès II et de l'obélisque

La visite du temple s'effectue du Nord vers le Sud en entrant par le pylône, le nom donné à ce mur gigantesque qui fait office de porte d'entrée vers un monde inconnu. Le symbole du pylône représente l'unité se divisant en dualité, un peu comme l'unité du cerveau n'ayant de sens que par la complémentarité de ses deux hémisphères. Avant de franchir le pas de cette porte, nous saluons respectueusement les deux statues de Ramsès II, dont une a maintenant le champ libre. L'obélisque initialement placé devant elle se trouve aujourd'hui place de La Concorde. Cadeau, dit-on, des égyptiens lorsque Muhammad Ali Pasha en fit don au roi Louis-Philippe. Sans doute un humble remerciement aux Français pour avoir copieusement pillé l'Histoire Ancienne du pays depuis la fin du XVIIIème siècle.

La première cour dans laquelle nous arrivons est celle dite de Ramsès II. Le périmètre de cette cour est composé de dix-huit statues, toutes représentant le pharaon. Chaque géante de pierre voit sa jambe gauche avancée d'un pas en avant, comme pour signifier l'entame d'un voyage sacré.

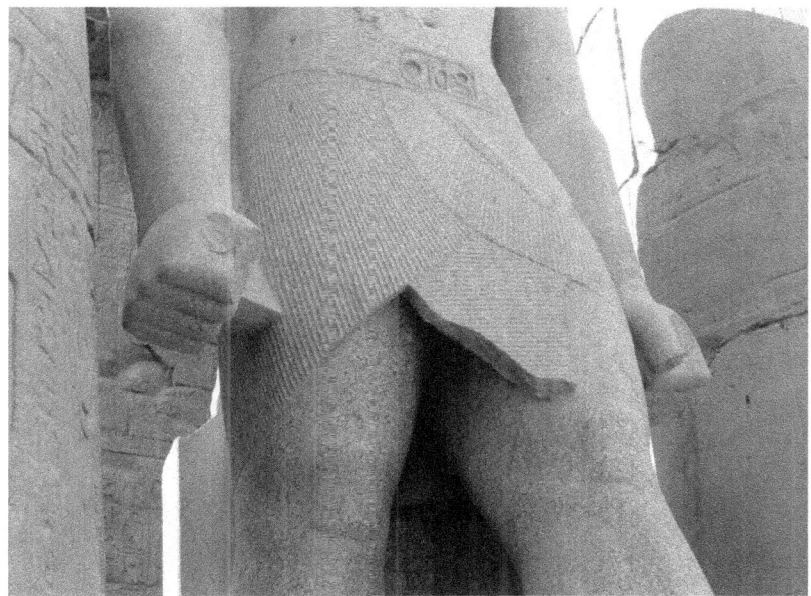
Détails d'une de ces statues

Architecturalement, cette cour ne prolonge pas les axes de construction visibles du reste du temple. Elle est entièrement placée de biais direction Nord-Nord Est, y compris la chapelle des barques d'Hatshepsout et Touthmôsis III placée dans l'enceinte. Le plus surprenant, est que l'angle de décalage de construction de la cour correspond à celui utilisé pour représenter les jambes gauches des statues marchantes dont nous venons de parler. Comme si le Temple lui-même était conçu pour représenter ce pas vers l'avant - le mouvement, la vie, l'homme vivant.

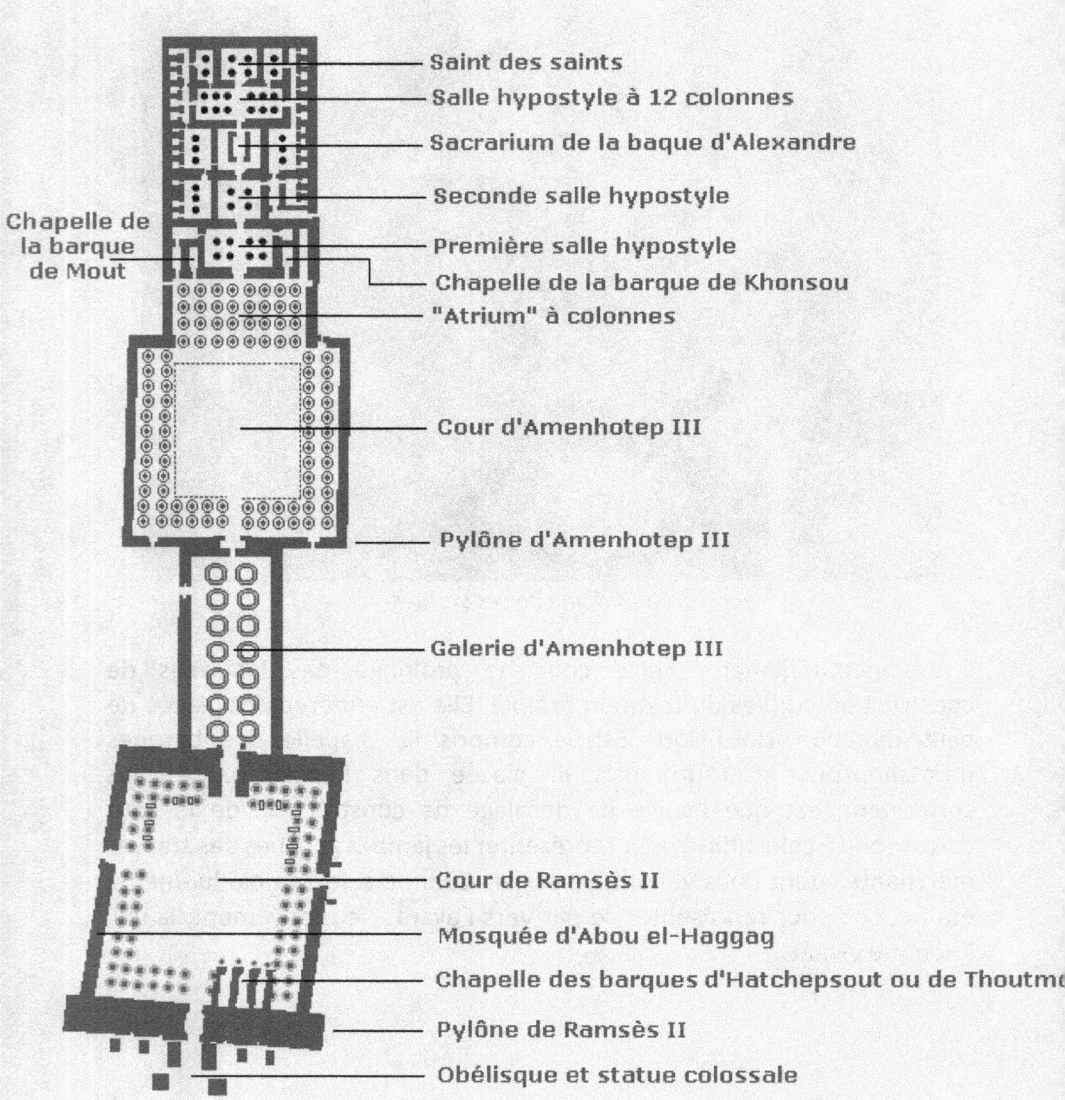

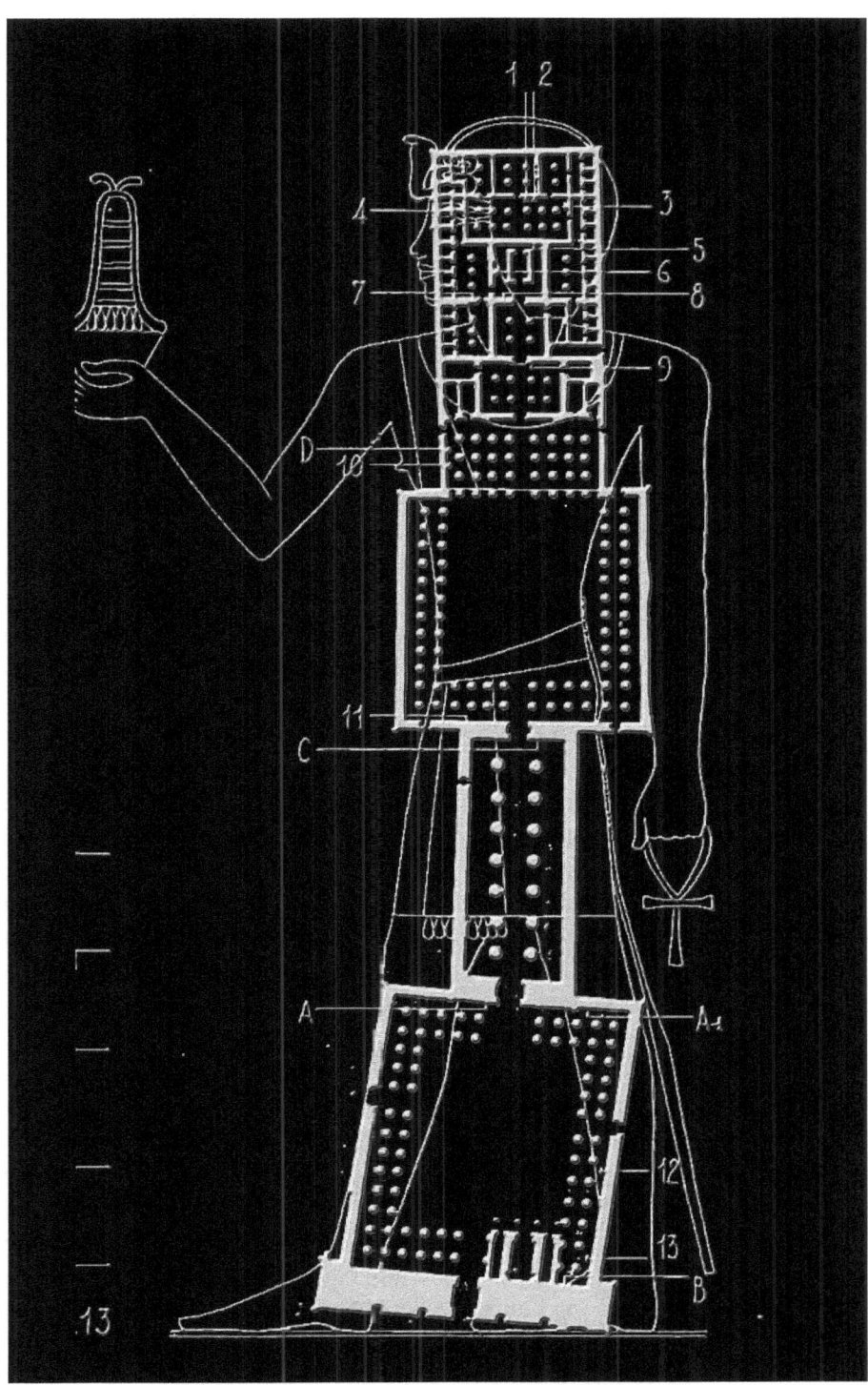

Équivalence architecture/anatomie par Dave Emm

Schwaller de Lubicz nous dit que non seulement le temple serait construit selon les mêmes proportions que les statues de la Cour de Ramsès II, mais qu'en plus, l'intégralité de sa composition interne, et pas que l'enceinte, répondrait en tous points aux éléments constitutifs de notre corps. Une anatomie ésotérique et symbolique. Essence de la genèse de laquelle découle la vie, inlassable, impénétrable et éternelle, tout comme le mouvement décrit par les statues qui ne se stabiliseront jamais et, par la mise en marche signifiée du temple, assureront que la vie suive son cours jusqu'à la nuit des temps.

Nous disions avant que le temple se parcourt du Nord au Sud. Dans cette approche anthropomorphique, le Nord représente donc les pieds desquels nous remontons squelette et organes. Symboliquement, la cour fut la dernière partie du temple construite pour signifier que la motion humaine vers l'avenir ne peut avoir lieu qu'en dernier instant, lorsque la croissance physique est accomplie. Cet accomplissement sera déterminé stratégiquement par les pieds, outils indispensables à l'impulsion sacrée.

Les deux colosses en bout de cour représenteraient les articulations des genoux, point clé avant de longer les fémurs incarnés par la Colonnade d'Aménophis III. Dans cette colonnade nous retrouvons deux alignements des plus grands piliers du temple, hauts de seize mètres, semblables aux deux fémurs de nos guiboles, les plus longs os du corps humain. Dans le procédé d'assemblage des colosses, apparaît une technique prédéterminée et oh combien spécifique. Sur le flan interne du colosse de gauche, nous retrouvons une scène représentant l'unification de la Haute et Basse Égypte, avec le Nil coulant entre les deux. La découpe des pierres y a été faite de telle manière que les joints horizontaux viennent sectionner les deux pharaons au niveau des genoux. Une formule que l'on retrouve aux quatre coins du temple. Les joints de pierres sont choisis avec précision, en amont de la construction, afin d'être placés sur la partie anatomique concernée par l'endroit du temple où se situent les scènes. Un brin farfelu la première fois que l'on entend parler de cela, j'en conviens. Mais la récurrence et l'exactitude analytique de Schwaller de Lubicz transforment le farfelu en vérité factuelle dont la complexité de mise en œuvre est encore difficilement concevable. Qui aurait pensé à utiliser des joints comme vecteurs de la sémantique sacrée ? ! Cela confirme entièrement qu'il n'y a pas un millimètre de ce pays qui ne soit l'œuvre et le fruit d'une réflexion qui nous dépassera probablement toujours.

Scène taillée dans le granit d'une statue placé anatomiquement aux « Genoux du temple ». Logiquement, les joints coupent la représentation au niveau des genoux.

D'autres cas démontrent que les joints permettent à la vie de l'Homme de se développer dans le temps. Dans une des chambres construites au niveau architectural de la tête et de l'hypophyse (glande secrétant l'hormone de croissance), une scène représente un enfant roi placé devant l'Arbre de Vie. Là, un joint horizontal vient couper la tête du jeune roi, juste au-dessus des yeux, au niveau de cette hypophyse. Plus surprenant, deux autres joints sont présents au niveau du genou : un horizontal, et un vertical qui cible le genou gauche. Croyez-le ou non, le même roi est présent sur une autre scène…au niveau du « genou gauche » du temple ! De jeune enfant, il a grandi, évolué, et pris l'aspect d'homme adulte se retrouvant agenouillé devant l'Arbre de Vie qui lui aura permis et indiqué ce chemin de vie. Les enseignements du temple perdurent au fil de sa construction, et dans la vie de l'Homme.

Est-il possible que les égyptiens aient eu connaissance de l'hypophyse matérialisée par la croissance de ce roi ? Est-ce que les égyptiens avaient une connaissance approfondie des fonctions anatomiques du corps ? Si oui, comment l'avaient-ils obtenue ?

Reprenons la Colonnade d'Aménophis III, « les fémurs ». Les représentations présentes sur les colonnes se focalisent essentiellement sur des offrandes. Des offrandes en tous genres, opulentes à souhait. Une profusion de nourriture. S'agit-il vraiment de nourriture ? Pas si sûr. Nous savons aujourd'hui que la moelle osseuse est un facteur clé de la production de globules. L'usine à globules rouges pour ainsi dire. Quel endroit du corps les égyptiens auraient-ils pu choisir pour représenter la production de globules rouges directement issue de la moelle osseuse ? L'os le plus long et volumineux du corps ? Bingo ! Les dessins nous montrent comment la substance spirituelle et nutritive était délivrée afin de permettre à l'organisme (vivant, corporel ou social) de se maintenir en vie, tout comme les globules rouges produits dans les fémurs alimentent les besoins du reste de notre corps. Arriver à autant de correspondances entre profondeur symbolique et cohérence physiologique est un exploit que je ne me lasse de contempler à chaque expédition sur ces lieux divins.

Page suivante, colonnade d'Aménophis III, les fémurs

Le niveau d'élaboration de ces correspondances laisse pantois. Il faut pourtant comprendre qu'afin d'être capable de tant de parallèles, une connaissance approfondie de l'appareil humain est incontournable. L'ésotérisme et la symbolique ont beau avoir été étudiés et révélés dans les moindres détails par Schwaller de Lubicz, les 1 400 pages de son livre n'expliquent pas comment fondamentalement les anciens pouvaient avoir accès à de telles connaissances.

Comment savoir que dans le cerveau l'hypophyse est source de croissance ?

Comment savoir que les os sont de hauts responsables de la création de globules rouges ?

Et que dire de ce spermatozoïde croisant le jet sortant d'un sexe en érection ? Si si, vous avez bien lu !

Bas-relief. À droite, Min, Dieu de la fertilité.

Dans la Salle Hypostyle I, versant Ouest, un bas-relief dépeint Min, Dieu de la fertilité. Cité dans la pierre de Palerme, Min est l'une des plus anciennes divinités d'Égypte. Il est représenté sous forme humaine, ithyphallique[56], et porte la barbe postiche. La Fertilité qu'il incarne n'est

---

[56] *Adjectif qui désigne celui qui a un phallus*

pas qu'humaine, mais aussi animale et végétale. Cette fertilité est représentée par l'idéogramme de la purification venant traverser le flux émanant du sexe de Min. De manière surprenante, l'idéogramme en question ressemble à s'y méprendre à un spermatozoïde. L'explication officielle de ce dessin dit ceci. Le symbole qui nous intrigue est en fait un vase, une jarre, un pot, déversant de l'eau, d'où les ondulations du filet, et serait le symbole déterminant de la propreté, de la pureté, expliquant sa signification purificatrice. Ce que nous pensions être un spermatozoïde traversant la semence éjectée par le sexe du Dieu de la Fertilité (c'eût été cohérent) ne serait qu'un filet d'eau croisant une corne. Une corne reliée au sexe du Dieu ? Oui. Compte tenu du monde et des connaissances attribuées aux égyptiens de l'époque, il faut bien trouver des explications. Ne pas comprendre nous est insupportable. Je ne remets pas en cause le travail acharné des égyptologues, mais force est de constater que logique et intuition ne semblent pas guider certaines réflexions qui tout au plus devraient échouer au bout de la piste de l'incompréhension.

« Tu ne connais pas les hiéroglyphes. Ne parle pas de ce que tu ne connais pas » me disent certains, comme cette hystérique que j'ai croisée un matin d'avril au Musée de Saqqarah. Aussi passionnée que moi, elle n'était tristement guère ouverte au débat. Elle ne supportait pas que je mette le doigt sur ce qui m'apparaissait être des zones d'ombres alors que pour elle nous parlions d'évidences tangibles et incontestables.

Si ma bibliothèque comporte des ouvrages traitant des hiéroglyphes, j'avoue effectivement ne pas tout maîtriser par cœur. Cœur qui est mon gouvernail, mon intuition. Cœur qui a pourtant compris que les hiéroglyphes renvoient à des champs lexicaux soumis à de nombreuses interprétations qui ne calquent qu'avec le prisme primitif à travers lequel nous contemplons, admiratifs, cette civilisation. Ce vase déversant de l'eau fait partie de ce groupement de signes utilisés pour décrire et répertorier les domaines de la réalité connus des Égyptiens : environnements terrestre, aquatique, céleste, faune et flore, tout y est. Ils sont consignés dans une liste de termes dressée à la manière d'un index encyclopédique que tout Égyptien Ancien cultivé est censé connaître. L'entame de cette liste débute par ceci : « Début de l'enseignement destiné à éclairer l'esprit, instruire l'ignorant, et étudier toutes les choses qui existent, tout ce que Ptah a créé et Thot reproduit : le ciel et ses affaires, la terre et ce qu'elle contient, ce que produisent les montagnes et ce que recouvre l'inondation, tout ce sur quoi brille Rê et tout ce qui pousse sur le dos de la terre, cogité par le scribe des rouleaux sacrés dans la Maison de Vie. Amenemope, fils d'Amenemope. »[57]

Dans la scène de Min, l'eau purifiée et purifiante est synonyme de fertilité. Sans eau, pas de vie. Serait-il si hérétique de penser qu'en lieu et place d'un filet d'eau nous serions face à un spermatozoïde croisant la semence issue du sexe du Dieu de la Fertilité ? Visiblement oui. « De toute façon les Égyptiens n'avaient aucun moyen de déterminer l'aspect d'un corps microscopique ». En est-on sûr ? Nous avons vu que les suspicions sont réelles quant aux connaissances liées aux globules rouges et l'hypophyse. Les petits têtards fertiles viendraient simplement compléter la liste de cette omniscience biologique.

Si le Temple de Louxor est effectivement modélisé selon l'image de l'homme idéalisé, la Cour d'Aménophis III représente le ventre, renvoyant vers le cordon ombilical incarné par les blocs architraves couronnant les colonnes de la cour. Nous devrions donc y trouver des hiéroglyphes liés à la naissance. Sans référence de ce type, l'échafaud de cette hypothèse serait mis en branle. L'architrave placée sur les hauteurs Est de la cour, exactement où le nombril se situerait, nous indique un message décrivant la naissance du roi. Nous nous trouvons là où sa vie commence, où il sera élevé jusqu'à maturité avant de quitter le temple, couronné et couvert de gloire. La traduction de ces glyphes s'avère correspondre parfaitement à ce que Lubicz en attendait. Un tournant presque dramatique dans ses travaux qui ouvrèrent alors les yeux de nombreux sceptiques.

Tous les aspects du temple renvoient à l'image de l'Homme, issu d'une minuscule graine croissant vers le produit adulte fini qu'il incarnera. L'Homme croît dans le temps, magiquement guidé par la géométrie sacrée qui nous gouverne. Les étapes de la croissance du temple correspondent de près aux quatre (chiffre clé) étapes de la croissance humaine. Sa croissance, sa construction, est entamée par le cerveau (sans

---

[57] *Les hiéroglyphes*, Marilina Betro

hypophyse, pas de croissance), se poursuit avec le tronc, les jambes et termine avec les pieds (sans pieds, pas de mouvement).

De l'autre côté de la rive, dans la Vallée des Rois, le Temple de Médinet Habou, est construit sur les terres sacrées où l'Ogdoade d'Hermopolis, les quatre paires de Dieux primitifs, auraient été enterrées. Le Habou de Médinet Habou signifie Ibis, l'oiseau sacré de Toth. Dans la mythologie, Toth employa la force de la langue et de la mélodie (ou chanson) pour que l'univers se manifeste en révélant les paroles divines de Râ. Cette « chanson » créa les huit déités de l'Ogdoade d'Hermopolis : Nun, Heh, Kuk et Amun pour les masculines, Nunet, Kuaket, Hauhet et Amaunet pour les féminines. Le nombre lié à Toth est le huit, désormais synonyme de création, concept duquel provient l'aphorisme « Je suis Un qui devient Deux qui devient Quatre qui devient Huit, pour que redevienne Un ». [58]

Cette approche où tout est rapport et proportion n'est pas sans rappeler ce dont nous parlions plus tôt dans ce livre[59] et qui est inscrit sur la Table d'Émeraude, texte célèbre de la littérature alchimique et hermétique. Parmi la douzaine de formules allégoriques y figurant, la fameuse correspondance entre le macrocosme et le microcosme pourrait elle aussi renvoyer vers le concept de la vie de l'Homme : « Ce qui est en bas est comme ce qui est en haut, et ce qui est en haut est comme ce qui est en bas ».

Dans le plan de Schwaller de Lubicz, la Salle Hypostyle II renferme le centre crânien où les nerfs se croisent. Où l'hémisphère gauche du cerveau reçoit ce qui est vu par l'œil droit et inversement. En plein centre de cette salle, douze colonnes, symbolique des douze heures de la nuit et douze heures du jour. Opposés aux nerfs spinaux qui émergent de la moelle épinière, les nerfs crâniens ont cette particularité d'émerger directement du cerveau. Ils sont eux aussi au nombre de douze. Trois sont sensoriels, cinq moteurs, et quatre mixtes (à la fois sensoriels et moteurs). Nous sommes placés au centre de la vision, liée à l'état de conscience.

Juste au-dessus de ce « centre optique », trois sanctuaires imbriqués viennent clôturer l'architecture du temple dont la construction avait

---

[58] Inscription trouvée sur la tombe d'un prêtre d'Amon de la XXIIème dynastie.
[59] Cf Chapitre 2, *Saqqarah*

commencé ici. Sur les murs porteurs de ces trois chambres figure une des plus fantastiques prouesses présentes à Louxor. Les scènes taillées sur chaque pan de murs ne peuvent être interprétées qu'en les superposant entre elles. Expliquons, car ça se complique. Les murs font office de blocs en leur supposant une transparence qui seule permettrait la superposition des scènes que nous venons de mentionner. Sans cette superposition chaque scène demeure incomplète, et à fortiori indéchiffrable. Les murs sont des connecteurs synthétiques représentant la pensée sacrée transmise à l'intérieur et à travers le cerveau.

Ces sanctuaires sont également l'habitat de la glande pinéale, ou troisième œil. L'Uræus, Cobra se dressant à travers le troisième œil du pharaon, est si fréquent qu'il en est devenu un emblème caractéristique de l'art égyptien. Emblème qu'il est possible d'interpréter de manières variées.

Statue d'Amenhotep III (celui des Colosses de Memnon), au British Museum de Londres arborant un magnifique Uræus.

Les pharaons étaient des hommes élevés au rang divin. Le Cobra, placé à hauteur de la glande pinéale, est le catalyseur de cette élévation. Ce concept se retrouve dans d'innombrables cultures à travers le monde avec en tête de peloton l'essence des enseignements Hindous sacrés : la transformation vers une spiritualité sublimée, figurée par le serpent Kundalini. Pour les disciplines tantriques, alchimiques et même dans les cercles magiques modernes, le serpent invoque la quête d'un état de conscience transcendant. D'ailleurs, dans le tantrisme Hindou, le chakra Ājñā (*centre de commandes*, en sanskrit) est considéré comme le troisième œil, celui du mental. L'action d'Ājñā correspond au sixième sens, cette fameuse intuition qui contrôle le mental.

Certains autres affirment que le serpent renvoie aussi à une notion secrète de culte ouvert aux seuls initiés[60]. Alors que les masses populaires vénéraient le Taureau durant l'ère astrologique éponyme (de -4300 à -2000), les prêtres initiés, pharaons et rois, s'en remettaient, eux, au serpent de la constellation du Scorpion, placée à l'opposé de celle du Taureau dans le schéma zodiacal. La portée globale connue par ce symbole ancré au cœur de toutes les grandes cultures antiques transfigure le serpent en dignitaire de magie et connaissances sacrées hermétiques. Troisième œil et serpent sont éternellement liés au chemin universel de la quête spirituelle.

Pour pousser le vice encore un peu plus loin, il sera bon de s'attarder sur l'Œil d'Horus qui serait inspiré de la forme de la glande pinéale et du thalamus. Là encore, comment auraient-ils pu savoir ? Si nous sommes face à des coïncidences, leur accumulation ne démontre-t-elle pas qu'il s'agit plutôt de connaissances profondes exprimées pour les pérenniser éternellement ? Si le Temple de Louxor immortalise la biologie du corps, les Pyramides de Gizeh se chargent de la géodésie et des mathématiques dans un énième recoupement nous permettant de pénétrer le réel savoir des anciens.

---

[60] *Magical Egypt*, John Anthony West

Jan Niedbala

Œil d'Horus

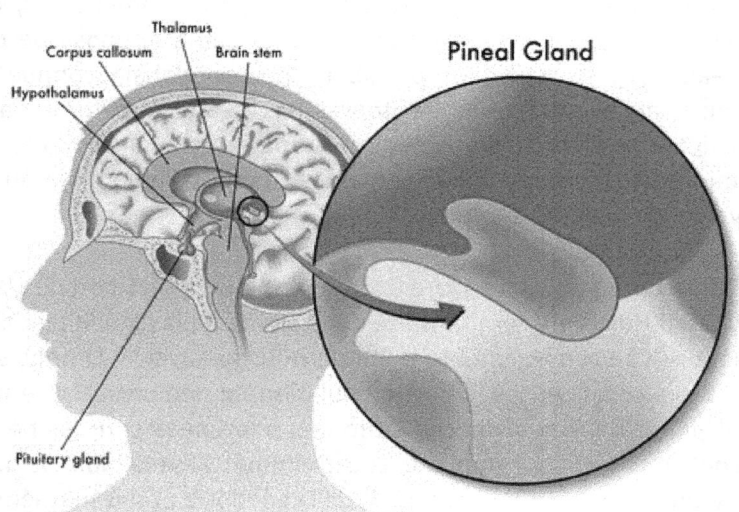

La glande pinéale et le thalamus

L'approche symbolique de Schwaller de Lubicz contraste avec une autre approche, plus technique, pragmatique, mais tout aussi fondamentale dans la compréhension des capacités des Anciens Égyptiens, celle de Christopher Dunn. Ingénieur aéronautique américain, ses travaux connaissent eux aussi de vives critiques. Leur vision est celle d'une Égypte Ancienne technologiquement avancée bénéficiant de machines hautement performantes. Lui aussi s'est penché exhaustivement sur le Temple de Louxor et en a tiré des conclusions controversées, notamment au sujet des statues de Ramsès II.

Dans son livre *Lost Technologies of Ancient Egypt*, Chris Dunn s'évertue à aborder l'Égypte Ancienne au travers de son prisme, celui d'un technicien. En étudiant de nombreux sites antiques, il met à contribution son expertise et dresse un tableau inattendu de ces mystérieux vestiges. Bien que l'on n'ait retrouvé aucune trace formelle d'outillage ou de machines, la description analytique faite par Dunn ouvre une piste sérieuse vers l'emploi de technologies « modernes ».

Lors de ses sorties médiatiques, sa madeleine de Proust est sans conteste la tête de Ramsès II. Ses travaux se sont focalisés sur deux têtes en particulier. Dans un premier temps, celle du Ramesseum actuellement au British Museum de Londres. Il y a mesuré la symétrie de part et d'autre du visage. Elle est parfaite.

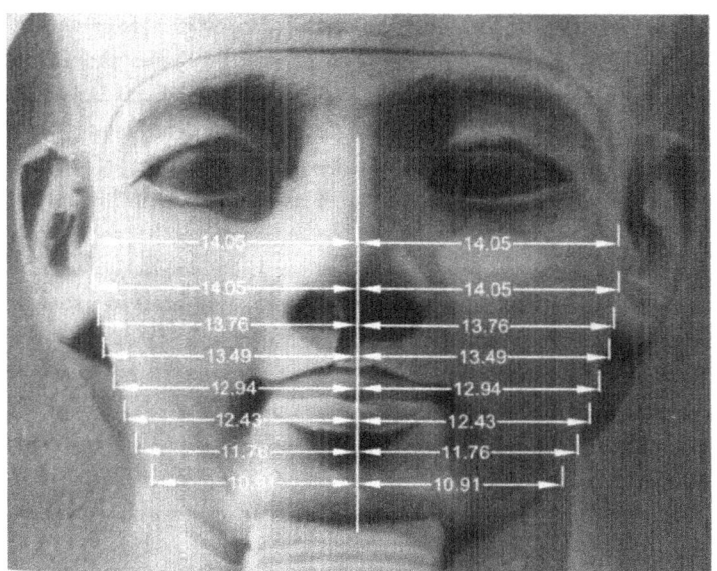

Image extraite du livre Lost Technologies of Ancient Egypt

Autre exemple, la tête de Ramsès II placée à l'entrée du Temple de Louxor devant la face Est du pylône. Cette fois, il s'adonne à une étude des formes et symétrie dans un contexte tridimensionnel. Lorsque la symétrie est présente aussi en profondeur, la question des outils et méthodes employées devient primordiale pour Dunn. Il y voit deux aspects qui posent problèmes :

- quels sont les outils ayant permis un travail net du granit noir ?
- qu'est-ce qui guidait les outils ?

Il dénonce sans retenue que la main de l'homme ne peut en aucun cas être suffisamment sûre pour guider les outils de manière à obtenir une telle précision. Il n'est pas capable de déterminer avec assurance quels outils auraient possédé la précision nécessaire à un tel résultat. Il est cependant capable d'affirmer que ni l'homme, ni les outils conventionnellement acceptés n'ont pu mettre cela sur pieds. Lorsqu'il dit « ni l'homme » il ne faut absolument pas y voir quelconque référence à des théories sur les anciens astronautes venus « d'ailleurs », mais simplement une remise en question technologique qui semble de plus en plus incontournable.

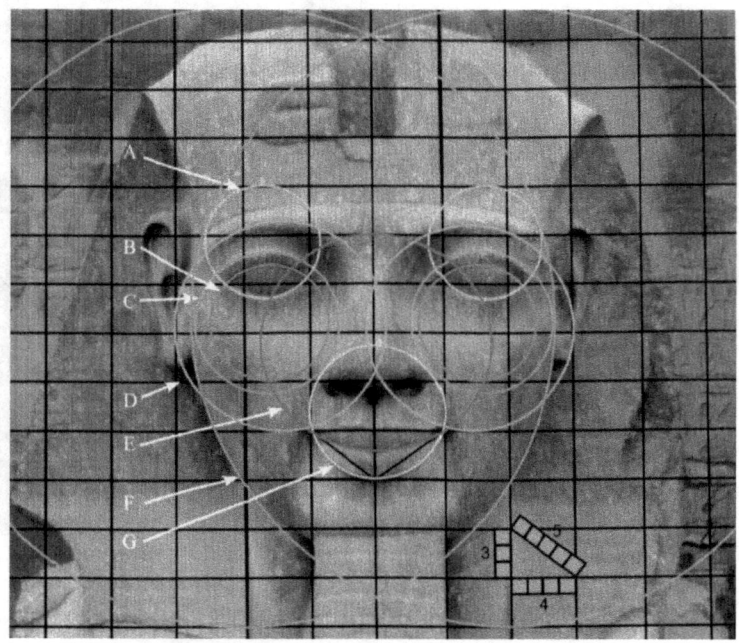

Symétrie tridimensionnelle mise en évidence

Afin de compléter son étude il a également procédé à une superposition du visage sur lui-même.

Son but est de démontrer par A+B que le visage est parfait et que par conséquent, le seul travail manuel de l'homme ne saurait en être responsable.

L'expérience réalisée, nous pouvons la reproduire grâce aux outils graphiques disponibles gratuitement sur internet.

Dans un premier temps, prenons notre photo présente ci-dessous. Appliquons-lui un masque de transparence coloré. La couleur permettra de mettre en exergue les décalages et dysmétries. Une fois le masque coloré créé, copions-le et collons-le sur la photo elle-même. Nous verrons qu'il n'y a pas de décalage entre la photo d'origine et le masque coloré. La symétrie est bien là. De toute évidence les techniques décrites par Dunn dans son ouvrage sont autrement plus complexes, mais l'idée de base est identique.

L'extraordinaire tête de Ramsès II

Jan Niedbala

Qui a construit le Temple de Louxor ? Quand a-t-il été construit ? Quels ont été les outils nécessaires au fabuleux résultat et quelles étaient les réelles compétences et connaissances scientifiques des bâtisseurs ? Répondre honnêtement à ces questions pose de nombreux problèmes à la pensée dogmatiquement correcte.

Le « dogmatiquement correct », je me suis permis de le rouler en boule l'espace de quelques paragraphes rédigés pour le compte de la revue anglophone *Advanced Archaeology Review Magazine*. De manière tout à fait circonstanciée j'y décris les différents regards que j'ai pu poser sur les statues de Ramsès II éparpillées aux quatre coins du pays. Pourquoi différents ? Car malgré la perfection et la beauté de chacune de ces statues, aucune ne se ressemblent. Louxor, Abou Simbel, Ramesseum, Musée du Caire, Memphis, elles sont toutes différentes les unes des autres...Un choc ! Après une longue introspection, j'en ai extrait un santal pharaonique qui pourrait agresser les nez les plus éduqués mais dont l'imprudence refermera ce chapitre en esquissant le sourire narquois que l'on reconnaît désormais à Ramsès II. « Et si Ramsès II, tel qu'on l'imagine et le présente, n'avait jamais existé ? »

Dos d'un des colosses de Ramsès II

Temple de Louxor désertique au petit matin

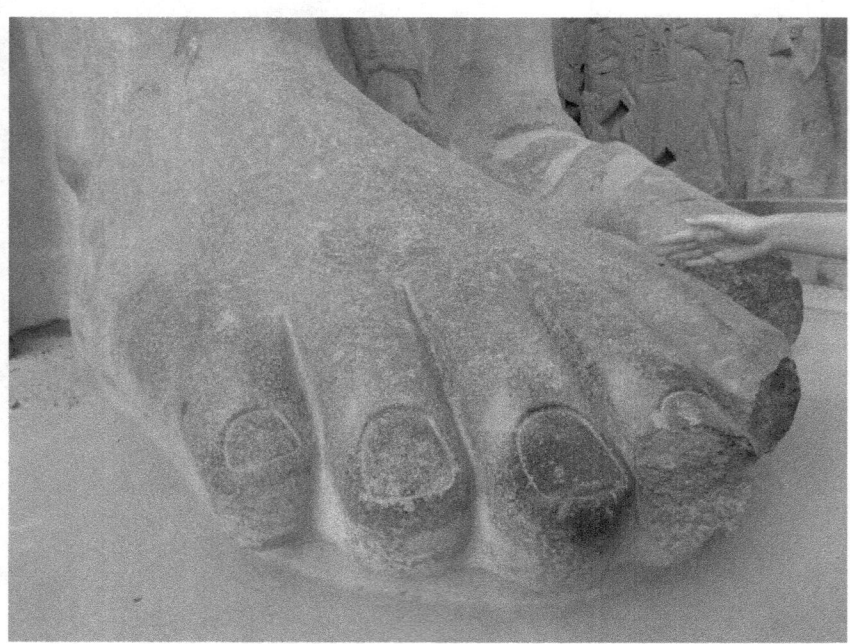
Toujours bon de se rendre compte de l'échelle

Jan Niedbala

Un de mes groupes aux pieds des colosses gardiens de l'entrée.

Vertigineuse contre-plongée

Le Guide Secret de l'Égypte Ancienne

LES TEMPLES DE KARNAK

Jan Niedbala

Contrairement au Temple de Louxor, ce que l'on appelle communément Karnak n'est pas un temple, mais bel et bien un complexe : le complexe de Karnak, plus grand complexe religieux antique au monde ! Situé trois kilomètres au nord du *Temple de l'Homme*, il aura fallu plusieurs centaines d'années pour arriver à ce grandiose enchevêtrement de pylônes, chapelles, et temples. Sa construction aurait débuté lors du Moyen Empire, pendant le règne de Senusret Ier, vers -1970, en se poursuivant jusqu'aux rois Ptolémaïques. La somme des pharaons y ayant pratiqué architecture et symboliques d'époque atteint les trente, donnant à ce lieu richesse et diversité inégalables.

De loin, ce temple semble à taille humaine. Illusion d'optique !
Cliché pris depuis le Sud-Est

Le complexe de Karnak diffère du Temple de Louxor par l'absence de potentiels mystères liés à sa construction, sa chronologie, ou encore les techniques employées. Comme le dit si bien Yousef Awyan que j'ai eu l'occasion de rencontrer de nombreuses fois, ce n'est pas parce que chronologies, théories et techniques en rapport avec les pyramides et certains autres sites égyptiens ne tiennent pas l'épreuve de la logique et de la démonstration, qu'il faut appliquer cette pensée de manière systématique, à tous les sites. Savoirs et compétences des occupants des terres égyptiennes ne doivent pas se voir sous-estimés au profit d'une approche alternative qui ne croit jamais en rien d'académique. Le génie civil pharaonique n'avait à rougir de personne, même au Moyen Empire[61].

Ce génie, Schwaller de Lubicz en parle de manière exhaustive dans un ouvrage de référence qui se lit, et se relit, comme une Bible : Les Temples de Karnak. Je pèse mes mots lorsque j'avance qu'il s'agit d'un ouvrage de référence tant le travail fourni est colossal. Sur près de sept cents pages, dont cinq cents de photos en pleines pages, le savant alsacien décortique les moindres détails des deux kilomètres carrés qui composent la grandeur de ce lieu. Une œuvre si fabuleuse que j'ose à peine l'ouvrir de peur de l'abîmer. Cela nous permet d'échapper à une tentative de description du complexe que, de toute évidence, nous ne saurions accomplir sans faire honte à la mémoire de cet admirable Monsieur.

---

[61] *Interview YouTube de Yousef Awyan par Jan Niedbala* https ://youtu.be/ RacNymbeP8

L'arrivée vers l'obélisque d'Hatshepsout rend compte de la complexité des lieux

Les obélisques de Karnak imposent un calme olympien et livrent paisiblement quelques éléments dont la récurrence permet d'à nouveau déterminer un modèle de reconnaissance des époques et styles. Les obélisques en question auraient appartenu à Hatshepsout, la même qui aurait commandé la réalisation de l'obélisque inachevé d'Assouan[62]. Vers -1500, nous aurions eu l'édifice de ces monolithes granitiques. En m'approchant de plus près, je constate que les hiéroglyphes sont d'une beauté miraculeuse. Je ne peux m'empêcher de converser avec mon guide en tentant de ne pas faire trop de vagues. En effet, je suppute qu'il commence à ne savoir que faire de nos questions zarbi ! En sa compagnie, reposons les bases.

« Karnak. Assouan. Les obélisques. On est approximativement en -1500, c'est bien ça ? »

« Oui »

---

[62] *Cf Chapitre 4, L'Obélisque Inachevé*

Faisons l'impasse sur les techniques de taille dans la carrière, ainsi que sur les méthodes employées pour dresser et transporter tout le bazar. Nous en avons déjà parlé, vous et moi, ainsi que lui et moi. Mais j'aimerais savoir comment ont été réalisés ces hiéroglyphes qui n'ont de cesse de m'hypnotiser. Le pays en est pourtant couvert, on devrait s'y habituer. Ce n'est pas, et ne sera probablement jamais, mon cas. J'en suis éperdument amoureux.

Le guide me répond. « Ils utilisaient des outils de cuivre »

Les outils de cuivre, ça marche pour les carottes dans le granit. Le mouvement circulaire, ajouté au sable permet d'attaquer la ou les pièces travaillées. C'est alors le sable, de dureté similaire à celle du granit, qui attaquera la roche. Le tube en cuivre permet un avantage tactique grâce à la vélocité et récurrence du mouvement appliquées sur le granit immobile. Par contre, graver des hiéroglyphes, c'est autre chose. Pas de mouvement circulaire pour aider l'abrasion. Nous sommes dans la taille pure. Si je m'en réfère à l'échelle de Mohs, du nom de son inventeur, échelle de dureté relative des minéraux (et non des roches comme beaucoup aiment le clamer pour faire *smart* dans les soirées mondaines) graduée de 1 à 10, le granit se situe entre 6 et 7. À noter que cette échelle n'est ni linéaire ni logarithmique. Son aspect « relatif » signifie qu'elle s'utilise en comparant la capacité des minéraux à se rayer entre eux. Le principe de cette échelle repose sur le fait qu'un minéral ne peut rayer un autre que si sa dureté est supérieure. Par exemple, une pièce de cuivre est donnée à 3/10.

Conclusion. À lui seul, un outil de cuivre ne peut pas tailler du granit. Distinction déterminante s'il en est. On voit mal en effet quel mouvement, aidé de sable, pourrait être réalisé en vue de creuser de si parfaits hiéroglyphes. Nous pouvons imaginer des mouvements approximatifs pour user le granit et lui donner des semblants de formes. Il n'en reste pas moins vrai que cela n'explique pas le sublimissime résultat final.

Le Guide Secret de l'Égypte Ancienne

Page précédente, grâce à l'un de mes voyageurs, l'échelle est frappante

Ci-dessous, sublimes hiéroglyphes

Jan Niedbala

Ayant grandi en Alsace, je m'imagine ma grand-mère affairée aux fourneaux en train de confectionner les traditionnels gâteaux de Noël, les *bredele*. Sur son plan de travail : de la pâte à gâteaux et des moules. Non, pas le fruit de mer ! Je sais qu'on est spéciaux par chez nous, mais y'a des limites…Du haut de mes huit ans, je l'observe discrètement pour voir « comment font les grands ». C'est tout bête. On pose le moule et on retire la pâte.

« Oui, merci Einstein, on savait pas comment faire des gâteaux de Noël » serez-vous tentés de penser. C'est juste ! Encore plus juste que c'est aussi ce que l'on imagine en regardant le cartouche de la reine : un bloc de granit sur lequel on applique une technique qui permet de simplement créer la forme hiéroglyphique désirée. On pose le moule et on retire le granit.

Je fais part de mes doutes au guide qui propose alors des outils en fer ou en acier. Personnellement, ça me va. Une lame d'acier se situe aussi aux alentours de 6/7 sur l'échelle de Mohs, ce qui rendrait la chose possible. Possible, mais pas entièrement compatible avec l'usure subie par l'outil. Toutefois, dans le bénéfice du doute, conversons cette nouvelle piste. Malheureusement la piste s'arrête net ! L'âge de fer n'aurait commencé qu'en -1100. Anachronisme invalidant tout lien possible entre obélisque et outils en fer.

*Peut-être ma photo préférée prise à Karnak.
Calcaire récent, taillé vulgairement à la main au premier plan.
Granit et hiéroglyphes formidablement parfaits au second.*

Mon guide ne sait que dire. Moi non plus, si ce n'est que selon moi les techniques inconnues renvoient à nouveau vers cette période plus ancienne où le travail était plus massif, granitique et d'une qualité dépassant tout ce qui aura suivi.

Penauds, nous rebroussons chemin vers l'ouest, direction la salle hypostyle dans laquelle nous allons observer les colonnes d'un peu plus près. Peut-être trouverons-nous quelques indices parmi les cent trente-quatre géantes qui composent les cinq mille mètres carrés de la plus grande salle de ce type du monde.

D'un point de vue historique, la salle hypostyle est le lieu désigné pour que le Pharaon entre en contact avec Amon afin de se régénérer. Avec l'extraordinaire hauteur sous plafond ça devait pulser en régénération ! La salle hypostyle comporte quatre groupements de colonnes séparés par une nef centrale. Le plan primitif ne comprenait que les douze colonnes de la nef qui mesurent vingt et un mètres de haut sous l'architrave (dans l'architecture antique, partie de l'entablement qui porte horizontalement sur les colonnes) pour trois mètres de diamètre. Ces colonnes sont reconnaissables à leur chapiteau en fleur de papyrus ouvert. Les colonnes à chapiteau en papyrus fermé, hautes de seulement treize mètres, sont des colonnes monostyles ajoutées par la suite.

Cette architrave, aujourd'hui disparue, était composée des centaines de blocs de gré au poids estimé entre quarante et soixante tonnes chacun. Un exploit de plus sur notre liste qui commence à devenir longue. Mais pour une fois, ne cherchons pas à expliquer comment ils ont pu faire. Nous sommes à la recherche d'indices qui confirmeraient que dans le temple, les obélisques (il y a aussi celle du père d'Hatshepsout, Touthmôsis Ier) et les parties en gré ne sont pas contemporaines. Nous tâchons de ne pas nous laisser déconcerter par l'immensité de ce que nous avons au-dessus de la tête, surtout en voyant les fenêtres à barreaux surmontant des corniches portant la hauteur totale à vingt-cinq mètres ! [63] Quand Schwaller de Lubicz, toujours lui, parle de « Miracle égyptien », on comprend pourquoi ![64]

Aussi gigantesque cette salle hypostyle puisse-t-elle sembler, nous remarquons que les colonnes sont formées de nombreuses parties assemblées les unes sur les autres jusqu'à leur sommet, chose qui ne défie pas l'entendement. L'obélisque d'Hatshepsout, elle, avec ses vingt-neuf mètres et trois cent trente-huit tonnes, est un monobloc. Il semblerait donc que les égyptiens, aux environs de la même époque :

- aient été capables d'ériger un mégalithe en granit de trente mètres
- se soient facilités la tâche en créant des pièces d'assemblage pour les colonnes de gré de la salle hypostyle

---

[63] *Les Temples de Karnak,* R.A. Schwaller de Lubicz
[64] *Le Miracle Égyptien,* ouvrage de R.A. Schwaller de Lubicz, 1963

Pourquoi ? On peut invoquer la symbolique sacrée qui expliquerait que telle conception et telle utilisation de roche aient eu telles significations (obélisque) ne pouvant être utilisées de la même manière pour d'autres constructions (piliers). Si nous savons que la logique n'est pas le maître mot dans l'analyse de l'Égypte antique, permettons-nous l'affront de prétendre que tout cela n'est pas logique. Qui peut le plus, peut le moins, certes. Nous sommes pourtant face à une myriade d'éléments supposément contemporains qui sont d'un côté massifs, d'un seul bloc, en granit, difficilement explicables, et de l'autre en calcaire ou gré, faits de « petits blocs », dont la construction ne soulève à priori guère d'interrogation. Mon intuition et ressenti terrain (qui primerons toujours sur les « analyses » issues de canapés et écrans interposés) disent que ça ne tient pas.

La tête levée vers les étoiles et les yeux pris au piège de ces constructions, nous en revenons à la même hypothèse de deux époques distinctes. L'une, plus ancienne, plus avancée et compétente, en opposition à une autre, plus récente, absolument spectaculaire, simplement moins douée.

Extrémité Est de la Salle Hypostyle. Piliers de 21m de haut surmonté de papyrus ouvert.

Fenêtres à barreaux surmontant des corniches et l'architrave sur les piliers aux papyrus fermés.

Jan Niedbala

En levant les yeux au ciel

Le Guide Secret de l'Égypte Ancienne

Vue grandiose des piliers en papyrus ouvert aussi haut que les fenêtres surmontant les piliers, plus petits.

Profiter de l'éternelle beauté ou éviter le torticolis, mon choix est fait !

Au cabinet des curiosités de Karnak le prochain patient à se présenter est Monsieur Granit. À vrai dire, on ne sait pas si c'est la mouvance LGBT qui rend son identité un peu confuse, mais certains l'appellent aussi Mademoiselle Mica.

En marge des quatrième et cinquième pylônes se trouve une alcôve, de prime abord insignifiante, qui n'a d'utilité que pour ceux qui en connaîssent l'existence. Il faudra aveuglément contourner des murs dans un labyrinthe miniature avant de déboucher brutalement sur les dix mètres carrés qui nous intéressent. Surpris par mon improvisation de parcours, le guide se demande pour quelle diable de raison j'emmène le groupe ici. Précisément ici. Ne faisant pas partie du parcours habituel des guides, la zone de confort s'éloigne, et c'est bien ça l'idée !

Devant nous, des morceaux de granit noir en bien mauvais état, échoués anarchiquement entre quatre petits murets. Comparativement aux autres morceaux de granit noir présents à Karnak, Louxor et ailleurs, leur niveau d'érosion est fortement avancé. Si avancée qu'il est possible de saisir de petits morceaux et de les réduire en poussière à la main. On arrête tout !

Réduire du granit en poussière à la main ? Impossible ! Enfin théoriquement.

D'après les conseils avisés d'une ingénieure géologue participant à l'expédition, ce ne serait pas du granit hétérogène avec quartz, mica et feldspaths, mais peut-être du granit composé en grande majorité de mica, un des minéraux du granit. Du latin *micare*, qui signifie *briller*, le mica est caractérisé par sa structure feuilletée grâce aux phyllo silicates qui lui rendent un aspect éclatant, pailleté. Effectivement, nous voyons que ce que nous pensions être du granit scintille plus qu'à l'accoutumée. Dans un sens comme dans l'autre, pas de conclusions hâtives, nous poursuivons notre enquête. Outre leur extrême friabilité, les blocs semblent comporter deux « compositions » différentes. L'extérieur, craquelé, épais d'environ cinq centimètres. L'intérieur, qui s'effrite au moindre regard (j'exagère à peine) et qui n'a ni la même apparence, ni la même texture que la couche supérieure. On m'avait pourtant dit que le granit noir ne s'altère pas avec le temps. Ma raison, terre à terre, fuyant le sensationnalisme, se contenterait bien de cela. Mon intuition, elle, d'humeur aventurière, se met à réfléchir...quelle mauvaise élève ! Je suis navré de constater que dix-sept années passées à l'école ne lui ont décidément pas suffit à comprendre qu'il n'y a rien de bon dans la réflexion, la vraie, la pure, l'innée, la légitime. Vous savez, celle qu'on nous bride dès le plus jeune âge.

Notre ingénieure géologue qui se penche sur le cas

C'est mon intuition que je vais suivre pour conclure cette partie.

Si ce que nous avons entre les mains est principalement constitué de mica, cela explique sa friabilité.

Mais pourquoi ne retrouve-t-on nulle part d'autre du mica en gros blocs ? Serait-ce le seul endroit d'Égypte où nous en aurions ? Impossible. Soit il y en a ailleurs (pourtant jamais vu), soit nous avons toujours affaire à un granit hétérogène. De plus, imaginer que les égyptiens aient osé construire des édifices avec ce que nous pensons être du mica serait leur attribuer le choix d'une gageure improbable et irresponsable, en plein désaccord avec l'approche sacrée qu'on leur connaît.

De plus, le mica s'altère fortement uniquement en cas de contacts répétés avec de l'eau ou des végétaux. A Karnak, il n'y a ni l'un ni l'autre.

Si l'on se réfère à ce qui est abordé ailleurs dans ce livre[65] [66] l'hypothèse de la pluie, érosion par la pluie ou altération par l'eau nous ferait remonter à des périodes que l'évolution et les chronologies classiques se refusent encore de considérer. Restons alors dans la période dynastique, sèche. Pas d'altération possible à l'eau. Nous devons pousser la réflexion plus loin pour trouver une explication à cet aspect si particulier et inédit

Je me permets d'émettre, non pas une théorie, ni même une hypothèse, mais une simple probabilité. Ces modestes blocs qui génèrent tant d'interrogations sont bel et bien du granit. Les technologies déployées à l'époque possédaient des caractéristiques qui pouvaient altérer la roche. Cela expliquerait dans un premier temps les formes localisées dans la carrière d'Assouan[67], ainsi que l'improbable perfection de hiéroglyphes imperméables à l'épreuve du temps. D'un point de vue technique, je ne me lancerai pas dans d'hypothétiques élucubrations. Je laisse ce soin aux professionnels.

Je pense néanmoins que nous avons là une potentielle preuve que la roche était travaillée de telle sorte que sa composition même était amenée à changer pour le bien des ingénieurs antiques.

J'entends déjà quelques murmures de quolibets et vous confirme que, oui, j'ai pensé à faire analyser un échantillon qui aurait coupé court à toutes les hésitations. Seul hic. Pour qu'une analyse puisse être officiellement valable et présentée, le processus scientifique est soumis à des contraintes auxquelles, à mon niveau, il est presque impossible de se soumettre.

Tout d'abord, il faudrait que l'échantillon soit prélevé par une personne attestant de son origine ainsi que de la manière conforme dont il a été isolé. Il faudrait ensuite que le prélèvement soit officialisé auprès des autorités, entendez par là, le Ministère des Antiquités. Au vu des tristes jeux d'égos et dogmatismes qui y règnent, l'humble explorateur que je suis n'aurait ni la légitimité, ni l'état d'esprit qui donnerait envie de l'écouter. En plus de cela, un prélèvement ne saurait être accepté s'il ne

---

[65] *Cf Chapitre 8, Temple de Louxor*
[66] *Cf Chapitre 12, Le Grand Sphinx*
[67] *CF Chapitre 4, L'Obélisque Inachevé*

fait pas partie d'un crédit de recherche dont le spectre est plus large que la vulgaire analyse d'un petit morceau de pierre. En somme, des contraintes et obstacles administratifs insurmontables. Il y a toujours l'option de l'analyse réalisée discrètement et aux frais de la princesse. Là encore l'impasse se dessine vite. Si je désire m'aventurer là-dedans, je m'assurerais que les résultats puissent être publiables et exploitables officiellement, ce que l'hypothétique clandestinité de l'étude empêcherait. Ispo facto, pas possib'

Un curieux bloc de granit

Légèrement découragé par ce casse-tête incessant, nous décidons de clôturer la visite du temple par une furtive visite à Kheper, le scarabée sacré. Les anciens utilisaient le symbole de cet insecte afin d'illustrer le terme puissant et abstrait de la « Venue à l'existence » qui par extension est aussi devenu « être » et « devenir ». Le scarabée devient alors associé aux idées de génération spontanée et de renouvellement. La légende réputée veut qu'en parcourant sept fois sa circonférence nos vœux de prospérité, fertilité, succès, ou équilibre général se verront exaucés.

Il y a un autre domaine dans lequel nous retrouvons Kheper occupant un rôle primordial. Celui des cycles de vie des traditions Kémites dont nous allons reprendre les fondements étape par étape.

Les Kémites se réclament des terres noires de l'Égypte depuis des temps aussi éloignés que 86 000 ans. Ces 86 000 ans, les Kémites les divisent en cinq stades, les cinq stades du Soleil, qui correspondent également aux cinq cycles civilisationnels qui régiraient la destinée humaine depuis la nuit des temps. Ces cycles émanent des enseignements anciens qui servaient à guider la spiritualité et l'état de conscience du peuple. C'est dans le tout premier cycle que l'on retrouve Kheper. Premier stade du Soleil, l'Aube. Nous rejoignons ici son acceptation académique de la « venue à l'existence ». L'origine du choix du scarabée est pour le moins étonnante. Elle renvoie à la symbolique égyptienne qui utilise le connu pour définir l'inconnu. Ceux que l'on appellerait aujourd'hui « entomologistes » n'étaient à cette époque probablement guère plus que des personnes en haute relation avec leur environnement duquel ils connaissaient et maîtrisaient les moindres codes et nuances. Le comportement du scarabée, qui pousse des petites boules d'excréments dont il se nourrit, était aux yeux des Kémites une incarnation de celui qui pousserait le disque solaire jusqu'à ce qu'il apparaisse à l'horizon. De là en a découlé l'emblème du premier stade du Soleil.

Le second stade enseigné par la tradition Kémite est Râ, conventionnellement défini comme *le* Dieu soleil. À cette nuance près, que Râ ne serait donc qu'une partie du culte voué au Soleil, qu'un cinquième de sa signification totale. La fausse idée selon laquelle Râ serait le Dieu solaire découle probablement de sa présence dans les cycles Kémites où il occupe la place du zénith. Au plus haut dans le ciel, il deviendra le seul digne représentant de notre astre.

Le troisième stade, Oon, où la conscience humaine, arrivée dans son troisième stade évolutif, conclut son accession à la sagesse. Quatrième stade, Athen, symbole du crépuscule, l'entame du déclin. Enfin, le cinquième est appelé Amen/Amon, qui signifie la fin, le déclin, l'obscurité.

Les deux derniers stades sont détaillés avec minutie dans un ouvrage de Stephen Mehler intitulé *From Light to Darkness,* dans lequel il lie stades évolutifs Kémites et déclin civilisationnel.

Arrivée à Karnak par le premier pylône, plein Ouest.
113 mètres de long, 15 mètres de profondeur, 40 mètres de haut

Les Sphinx à tête de bélier.

Gros plan du dessous des architraves

Au milieu des « petites » colonnes de la Salle Hypostyle

Sommet de l'obélisque d'Hatshepsout

Échelle humaine permettant de comprendre la vraie taille d'une simple pointe d'obélisque

Colosses l'albâtre. Extrémité Sud du temple, derrière le huitième pylône, normalement fermé au public pour restauration.

Extrémité Est du temple révélant l'affolante épaisseur de la porte de Nectanebo I. Cette porte re... relativement modeste face au plus gros pylône du temple (Pylône 1) qui mesurait 113 mètres d... long, 43,5 mètres de hauteur et 8 à 15 mètres d'épaisseur. Un volume de pierres de 55 000 mètr... cubes environ, soit 140 000 tonnes...

Dans la Chapelle de Granit. Un voyageur se désaltérant assis sur un fabuleux monolithe. Partie gauche, rebord de fenêtre, escalier et « séant » font tous partie du même mégalithe.

Le Guide Secret de l'Égypte Ancienne

ABYDOS

Dans la série « Je kiffe l'Égypte quand touristes il n'y a point » je demande Abydos !

Jan Niedbala

Avec trois heures de route à guère plus de cinquante kilomètres par heure, il faut bien avouer que l'accès au site se mérite. Cela explique aisément l'absence marquée de touristes. Pourtant l'effort devrait être consenti avec entrain et enthousiasme par les passionnés des quatre coins du monde tant ce lieu constitue un des fleurons de l'archéologie et Histoire égyptienne. Certes la faible vitesse du véhicule qui nous y emmène fait rapidement trépigner d'impatience, mais il est tout aussi facile de prendre son mal en patience en dégustant les images qui défilent sous nos yeux. C'est l'Égypte, la vraie, de la campagne, authentique et traditionnelle, malheureusement aussi fort appauvrie, que l'on découvre. Il n'y a que cette Égypte qui peut procurer un sentiment étrange de calme alors que poussière et sécheresse floutent le décor, sans oublier les fréquents ralentisseurs qui nous empêchent d'accélérer et font grincer la ferraille obsolète du véhicule de notre valeureux chauffeur.

Liste des Rois d'Abydos

Abydos est surtout réputée pour être la ville où se trouve le Temple de Séthi Ier, dans lequel égyptologues de tous âges et horizons se délectent de la Liste des Rois d'Abydos. Cette liste date de la XIXème Dynastie et comporte le cartouche de la plupart des pharaons de Ménès (-3 185 à -3

125) Ramsès I (seulement une année de règne en -1295), père de Séthi Ier.

En gros plan

Ce temple, en forme de L, également connu comme "Le château divin des millions d'années du Roi de Haute et de Basse Égypte Menmaatrê" fut dédié aux cultes de Séthi divinisé, Amon-Rê et Osiris. Il est composé de deux cours, de deux salles hypostyles, sept chapelles et plusieurs salles annexes. Chacune des sept chapelles était dédiée à une divinité : Séthi Ier, Ptah, Rê-Horakhty, Amon-Rê, Osiris, Isis, et enfin Horus.

Dans les cercles alternatifs, le Temple est devenu quasiment incontournable en raison des hiéroglyphes qui semblent représenter des machines modernes. Parmi eux, un « hélicoptère », un « char d'assaut », et une « soucoupe volante ». Il serait facile, trop facile, de crier au loup en pointant ces dessins du doigt pour asseoir la légitimité des théories (anciens astronautes, civilisations avancées/disparues) qui animent les débats égyptologiques alternatifs. Il faut pourtant se rendre à l'évidence.

Il n'y a rien à voir. Rien, si ce n'est le superposition de glyphes de Séthi Ier, d'abord, et Ramsès II, ensuite.

Les hiéroglyphes que certains aimeraient être des représentations de machines modernes. Guide secret, oui, guide menteur, non.

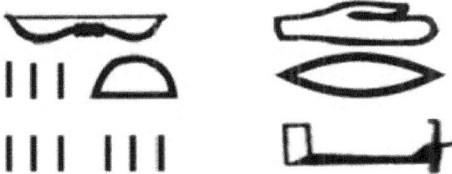

Glyphs during Seti I

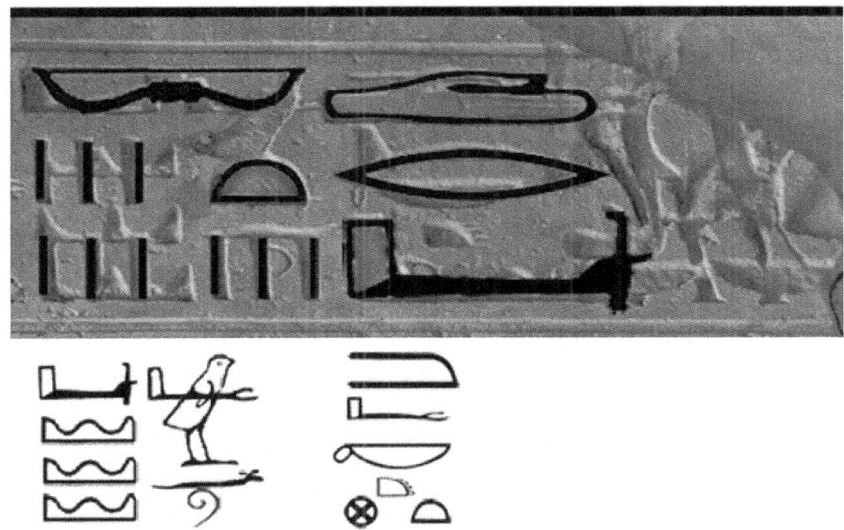

Glyphs during Rameses II

Détail de la superposition des glyphes.

Les déçus crieront au scandale, regrettant déjà d'avoir avalé sans rechigner les cent cinquante kilomètres depuis le paisible hôtel de Louxor que j'avais tendrement réservé en ne pensant qu'à leur bien-être. Ingrats ! Mais c'est sans compter sur ma ténacité. Ce n'est pas ça que je les emmène voir. Donc, silence dans les rangs, et on me suit !

Pour atteindre le graal, qui alors éclipsera les râles, il faut poursuivre son chemin dans les méandres du Temple. Les rictus se dissipent, apaisés par les sublimes dessins qui ornent les murs. Nous aurons tout le loisir d'en profiter plus tard car pour le moment nous devons traverser le Temple, passer devant la fameuse Liste des Rois, avant d'en sortir pour rejoindre l'arrière du site.

À ciel ouvert, dix mètres sous terre, comprenez « sous le niveau du Temple de Séthi Ier » règne l'imposant Osiréion ou Osirion, découvert par Flinders Petrie en 1902.

La première fois que je me suis rendu sur l'Osirion, je fus immédiatement intrigué par trois aspects :

- sa conception souterraine
- son style architectural mégalithique qui détonne de celui de Séthi Ier
- la présence d'eau au sol empêchant de l'arpenter

Osirion de loin.

Osirion de près, partie 1

Je fus encore plus intrigué par mon humble guide conventionnel de l'époque qui affirmait que l'on peut dater l'Osirion sans trop d'hésitation à l'époque de Séthi Ier. Osirion et Séthi Ier contemporains ? D'un côté un édifice calcaire construit « normalement » au niveau du sol. De l'autre, un complexe « souterrain » granitique aux blocs démesurés pesant jusqu' à soixante tonnes chacun. Et les deux sont censés avoir été construits au même moment ? La logique indique une légère improbabilité...Nous est alors rétorqué le sempiternel et imparable (*ironie*) argument que le nom de Séthi Ier est présent sur les murs de l'Osirion, donc c'est lui qui l'a construit.

Osirion de près, partie 2

Il n'est maintenant plus à démontrer que la présence d'un nom sur un mur, ou une statue, ne prouve absolument rien quant à son/ses bâtisseur(s) d'origine. Ceux qui osent encore soutenir l'autorité d'une telle ineptie ne font que mettre un accent encore plus grave sur leur mauvaise foi. Pour tenter d'expliquer en quoi la présence d'un nom n'apporte aucune légitimité, je me permets insidieusement de citer le discours officiel vérifié concernant les « faux-hélicoptères », démontrant par A+B les gravures multiples superposées des signes distinctifs pharaoniques. Suivant cette logique, quiconque peut inscrire quoi que ce soit, où que ce soit et surtout quand que ce soit.

« Oui, mais c'est pas pareil, pour l'Osirion on sait »

Ah bon, ben alors si on sait…Monsieur le Vicomte va rejoindre Morphée ! En fait non. Je reste éveillé. Ce serait trop bête de passer à côté de tant de beautés et mystères.

Le Temple de Séthi Ier est similaire en tous points aux autres temples de l'Égypte dynastique. Des scènes murales somptueuses, des salles hypostyles et de jolis hiéroglyphes. L'Osirion, lui, rappelle plutôt les « Temples de la Vallée » de Gizeh (devant le Sphinx, mais aussi Képhren et Mykérinos) avec leurs proportions gigantesques et précisions d'assemblage venues d'un autre monde. De plus, structurellement l'Osirion vient comme un cheveu sur la soupe ne présentant aucune similitude avec le Temple de Séthi.

La forme inhabituelle du temple en L est une indication claire que l'équipe de Séthi I a débuté la construction du temple sur un site sacré plus ancien avant de découvrir l'Osirion ensablé. Peu importe l'ordre, ils ont alors dégagé la matière gênante avant de révéler l'Osirion, sur lequel ils ont placé un petit dessin pour faire genre « c'est nous ». Ils ont ensuite poursuivi et terminé la construction du temple de Séthi Ier en contournant l'Osirion, bifurquant sur la gauche, créant cette forme de L forcée.

Les chanceux qui ont vu ce lieu en ma compagnie lorsque l'eau est à son plus bas auront eu la bonne surprise de découvrir sur les mégalithes au sol les fameuses et mystérieuses excroissances, *knobs* en anglais. Ces excroissances que l'on n'a jamais retrouvées dans des temples du Nouvel Empire mais uniquement sur des œuvres plus anciennes, plus massives et granitiques. N'oublions pas non plus la présence de ces excroissances un peu partout à travers le monde, sur des sites présentant les mêmes caractéristiques et aspects encore inexpliqués.

Excroissances sur le dallage mégalithique.

Excroissances sur les blocs de murs.

Tout porte à croire que nous sommes face à deux types de bâtisseurs. Les premiers, plus anciens, exprimaient leur art en assemblant des blocs d'une taille folle. Les seconds, héritiers des lieux et de la tradition avant d'y construire leur édifice à une époque dynastique en y apposant leurs cartouches pour s'approprier les lieux le temps du règne.

Il est fort aisé de remarquer que les structures les plus anciennes et massives ne comportent jamais d'inscriptions. Les réalisations datant légitimement des pharaons sont, elles, couvertes des cartouches et autres inscriptions d'époque. Si *tout* avait été construit aux temps des Pharaons, pourquoi ne trouve-t-on pas des hiéroglyphes « partout » ? Parce que dans certains cas de sépultures et nécropoles ils respectaient le défunt empereur ? Alors pourquoi diable toutes les sépultures et nécropoles de Louxor sont couvertes d'inscriptions décrivant dans les moindres détails qui, quand, comment et pourquoi y sont enterrés X ou Y ? Les justifications officielles ne tiennent pas la route, se heurtant systématiquement entre-elles. Explorateur alternatif, ma mission est de réfléchir. Mais lorsque je soulève des questions que je considère essentielles, j'aimerais qu'à défaut de me dire ce qui s'est vraiment passé, l'on fasse preuve d'intégrité et cohérence dans le discours avancé. Je conclurai donc en disant que je respecte plus un guide émerveillé invoquant l'œuvre de Dieu que les dessins primitifs et forcés de Fernand Nathan.

L'Osirion d'Abydos, ce ne sont pas que des blocs gigantesques et des conflits de datation, c'est aussi la célèbre Fleur de Vie.

Fleurs de Vie, difficilement décelables pour certaines.

La Fleur de Vie c'est cette figure composée d'une juxtaposition géométrique de sept cercles, un peu à l'instar des douces rosaces que nous, chères têtes blondes obéissantes, dessinions soigneusement pour passer le temps sur les bancs de l'école primaire avant qu'elle ne soit envahie et dénaturée par l'abrutissement technologique. La particularité de cette forme est que le centre de chaque cercle se situe sur la circonférence de six cercles environnants, tous du même diamètre.

Il y a sept Fleurs de Vie dans l'Osirion, dont quatre sur un pilier clairement visible depuis le haut de l'escalier qui permet de descendre entre les mégalithes quand l'eau se retire et/ou que les gardes sont d'humeur permissive.

La date de confection de ces Fleurs témoigne d'un ré-emprunt encore plus moderne que celui de Séthi Ier et Ramsès II. Bien que certains, dont je fais partie, datent ce site à une époque prédynastique variant de -20 000 à -4000, de récents résultats ont démontré que les Fleurs de l'Osirion ne peuvent être antérieures à -535. La datation la plus probable indiquerait les ans 200 à 400 de notre ère. Ces dates ont été déduites par l'estimation des époques auxquelles le sable aurait atteint une hauteur proche de là où sont gravées les Fleurs de Vie. Cela reste hasardeux mais ne remet cependant pas en cause la datation de l'Osirion lui-même.

Il serait opportun de pouvoir effectuer des analyses géologiques afin de déterminer combien de centenaires ou millénaires nous devrions attendre pour que cette zone de construction soit ensevelie intégralement ou partiellement, tel que ce fut le cas lorsque la Fleur de Vie fut apposée sur les piliers de l'Osirion. Certains guides officiels laissent sous-entendre que des études ont été faites et auraient déterminé une période de 18 000 ans nécessaire à ce que le site soit enseveli de dix mètres de terre. Cela correspondrait mieux aux datations supposées pour les constructions de type mégalithiques. Malheureusement, les sources se font rares pour vérifier cela et nous nous garderons donc bien de tirer toute conclusion.

Un Osirion qui comme vous vous en doutez, vous vide par son énergie, ce qui pose problème car pour sortir de ce lieu sacré il faut parcourir le Temple de Sethi où toutes et tous sont subjugués par la délicatesse, l'harmonie, les couleurs et l'état de conservation des peintures et représentations qui habillent les murs. Il faut par conséquent maintenir son esprit vivace pour ne manquer aucune miette de ce gâteau antique.

Avant de se mettre en retour pour Dendérah, nous nous arrêterons dans un boui-boui local qui servira des omelettes bouillantes accompagnées de fromage de chèvre local, légumes et pain pita tout juste sortis du four, bref un déjeûner de champion. Qui dit déjeûner de champion dit digestion de champion et la paisible sieste qui pointe le bout de son nez. Une bonne nouvelle pour les cent vingt minutes qui nous séparent encore de ce que je considère être le plus beau temple de tout le pays, Dendérah. Pour l'heure je vous laisse avec une succession des plus belles photos reliefs du temple de Séthi Ier.

Sanctuaire de Séthi Ier. De gauche à droite : Wepwawet, Dieu à tête de chacal, Séthi Ier, et Isis

Séthi Ier sur la gauche devant Horus.

À gauche, Osiris et Isis derrière lui.

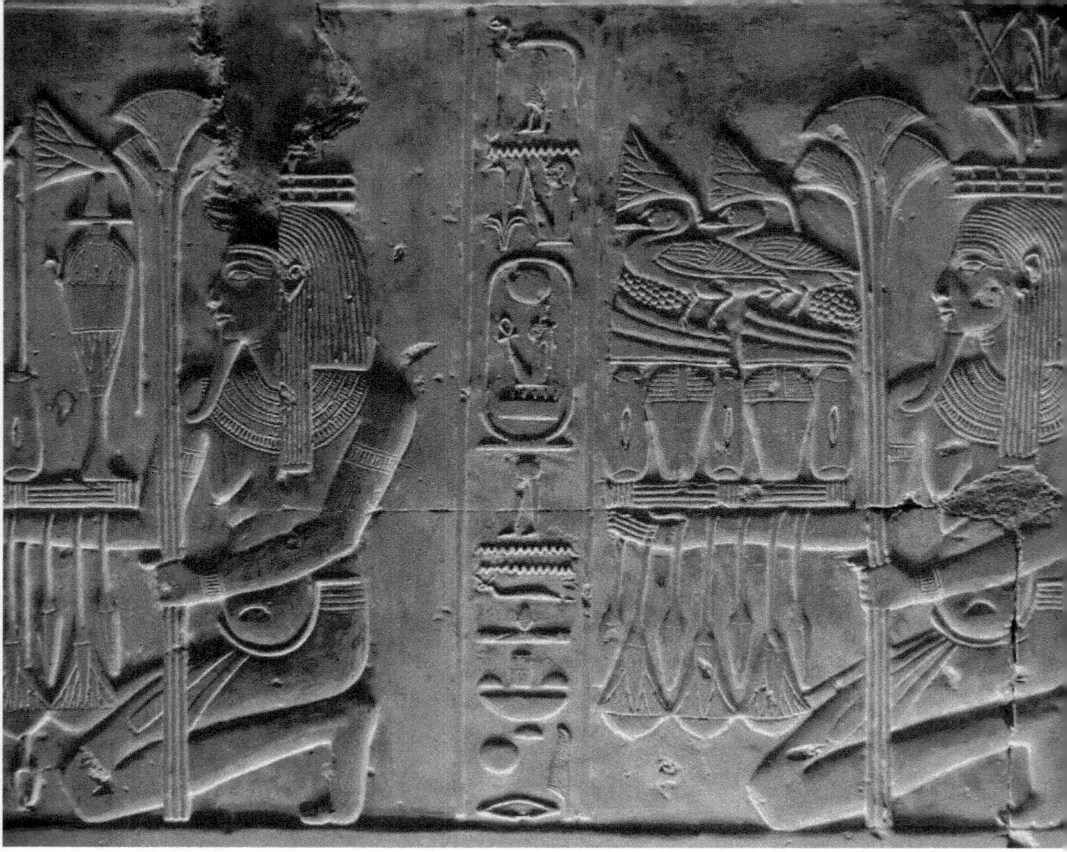

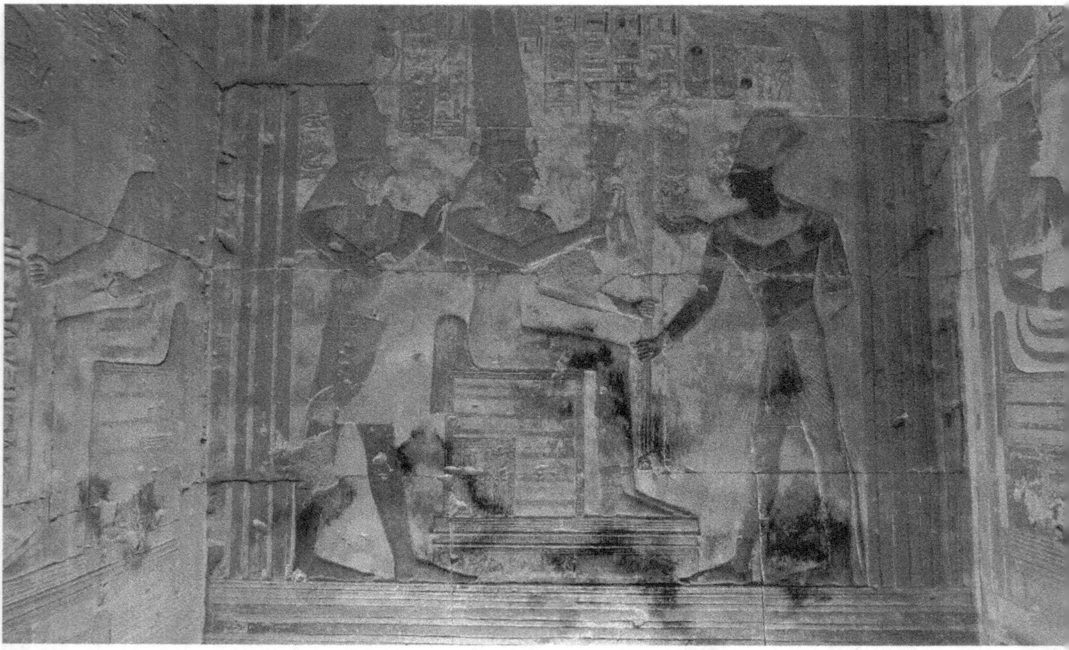

Le Guide Secret de l'Égypte Ancienne

DENDÉRAH

Jan Niedbala

C'est avec un plaisir non dissimulé que je réveille les « siesteux » pour annoncer l'imminente arrivée au temple dédié à la déesse Hathor, déesse maternelle et nourricière. Ça baille, ça sourit et ça ouvre les yeux…enfin ça essaie. Mais je ne m'inquiète guère. Quand bien même il y aurait des récalcitrants, je sais qu'à peine entrés dans le Temple de Dendérah, tous auront les yeux écarquillés.

Dendérah, est un magasin à cycles, immortalisant la connexion entre la fertilité et les cieux.

Pépi Ier, qui aurait construit Dendérah, se serait inspiré de documents datant non seulement de la IVème dynastie, celle des « bâtisseurs » de pyramides, mais aussi de textes faisant référence aux temps immémoriaux des mythes fondateurs et des Dieux tels Horus. L'apparence actuelle du temple, elle, date de l'époque ptolémaïque, avec le Roi Ptolémée XII, aussi appelé Néo Dionysos.

De l'extérieur le temple semble sobre. Peut-être pour mieux révéler ses secrets une fois à l'intérieur

La plus grande curiosité du temple se trouve dans une crypte souterraine où l'on retrouve des représentations murales fortement intrigantes autorisant les imaginations fertiles à se lancer dans des interprétations uniques que nous ne manquerons pas d'approfondir plus tard. Avant cela, procédons pas à pas dans ce sublime temple, lui aussi laissé de côté par les voyageurs traditionnels.

L'arrivée se fait sans préavis. Âmes sensibles d'abstenir ! Tout juste arrivés dans le temple, nous sommes submergés par la salle hypostyle composée de dix-huit immenses colonnes mesurant douze mètres de haut au sommet desquelles trônent fièrement quatre visages de la déesse Hathor, représentant les quatre points cardinaux et les quatre aspects de la divinité selon la mythologie :

1) Hathor, la déesse lionne qui combat les ennemis du Soleil

2) La déesse de la renaissance et de l'amour

3) La protectrice de l'amour et du foyer, la déesse nourricière

4) La beauté et la jeunesse

Si tous les temples d'Égypte abondent d'iconographies divines, qu'est ce qui rend Dendérah si spécial ? Son état de conservation ! Nulle part, pouvons-nous retrouver des couleurs aussi vives. Nulle part, sommes-nous transportés aussi rapidement dans un temps incertain durant lequel la démesure n'avait d'égal que la beauté.

Le haut des colonnes avec la déesse Hathor

Plafond du temple

Cette beauté nous hypnotise sur le visage d'Hathor, déesse à tête de vache. Un bien curieux choix pour celle qui représente sexualité, maternité, fertilité, joie, dance, musique, etc… vous ne trouvez pas ? La vache est un symbole nourricier, certes, mais la forme triangulaire d'Hathor semble anormalement « non-égyptienne ». Presque asiatique, comme cela peut-être le cas des statues en albâtre d'Amenhotep III et sa femme dans le Temple de Louxor. De plus, Hathor est la seule déesse apposée directement sur les colonnes de temples qui sont habituellement couronnées d'un papyrus[68]. Pourquoi elle ? Difficile à dire. Il y a pourtant un aspect qui reste occulté par tous les académiques. La tête d'Hathor ne serait peut-être pas une vache, mais la personnification de l'utérus et des trompes de Fallope. La ressemblance serait alors troublante. Prenez un squelette de tête de bovin pour vous rendre compte de la possible symbolique. Pour les plus sportifs, vous pouvez même contempler avec jalousie le tatouage du bras droit de Dwayne « The Rock » Johnson. Dans tous les cas, l'interprétation raccourcie et vulgaire d'une tête de vache pourrait plus logiquement se porter vers une signification anatomique pour la déesse maternelle. D'autant que nous avons à présent des cartes en mains qui autorisent l'interprétation anthropomorphique des réalisations égyptiennes. Si le Temple de Louxor représentait une version aboutie de l'Homme idéalisé, Hathor pourrait représenter une partie du corps. Partant du constat que l'on ne sait finalement rien de tangible sur l'Égypte Ancienne, toutes les possibilités doivent demeurer ouvertes. Il n'y a que cette omerta agissant comme mécanisme d'ingénierie sociale qui nous en empêcherait.

Tant bien que mal, je tente de prendre du recul, de plus en plus de recul en espérant obtenir une vue assez large et ouverte de cette salle hypostyle afin d'en capturer un cliché au plus proche de sa magnificence. Ma démarche s'avère rapidement vaine et permet tout au plus de rendre compte de l'échelle des lieux. Pour la magnificence j'abdique et m'en remets au zoom de l'équipement sans lequel les photos de cet humble ouvrage n'auraient jamais vu le jour, et poursuis mon chemin avec la Salle de l'Apparition où Hathor apparaissait aux initiés, sous forme d'une statue dans une barque.

---

[68] *Cf Chapitre 9, Karnak*

Beauté immense, infinie, éternelle de la Salle Hypostyle

Cette salle est reliée à six petites pièces, groupées en trois paires :

- Le Laboratoire et la Salle du Trésor, lieu de travail des alchimistes

- La Chambre du Trésor et la Chambre du Nil, où le temps sacré, le rythme divin des saisons est mesuré.

- Les Chambres des Offrandes, en liaison directe avec la Grande Salle des Offrandes.

Viennent ensuite la Salle des Offrandes et le Saint des Saints représentant l'espace humain où les rites sont célébrés par le Pharaon. De cet endroit, deux autres chapelles sont accessibles : les Cryptes (l'espace souterrain) et le toit (l'espace céleste). Ce triptyque de trois espaces est symbolique de la vision égyptienne du monde.

La contemplation du décor paraît ne jamais prendre fin tant nous sommes plongés dans la complexe minutie des dessins. Pour ne citer qu'eux, les plafonds nous transportent dans un monde où rêve et torticolis se tiennent la main avec allégresse. Nous pouvons y voir sept zones distinctes couvertes chacune de scènes astronomiques où la déesse Nout domine les débats rassemblant vautours, disques solaires ailés et signes zodiacaux.

Une des représentations de Nout

Le zodiaque est une spécificité propre au temple. En effet, quelques dizaines de mètres plus hauts, lorsque l'on atteint et marche sur le plafond, de nombreux éléments nous interpellent à commencer par le zodiaque de Dendérah. Réplique de l'original visible aujourd'hui au Musée du Louvre de Paris, ce Zodiaque est un arrêt aussi obligatoire qu'enrichissant. Sur ce plafond zodiacal, l'Etoile Sirius est incarnée par la vache Sopdet présente sur sa barque placée à l'Est du Zodiaque. Nout, mère de tous les astres en Égypte Ancienne, y est représentée avec des étoiles dans et autour du corps.

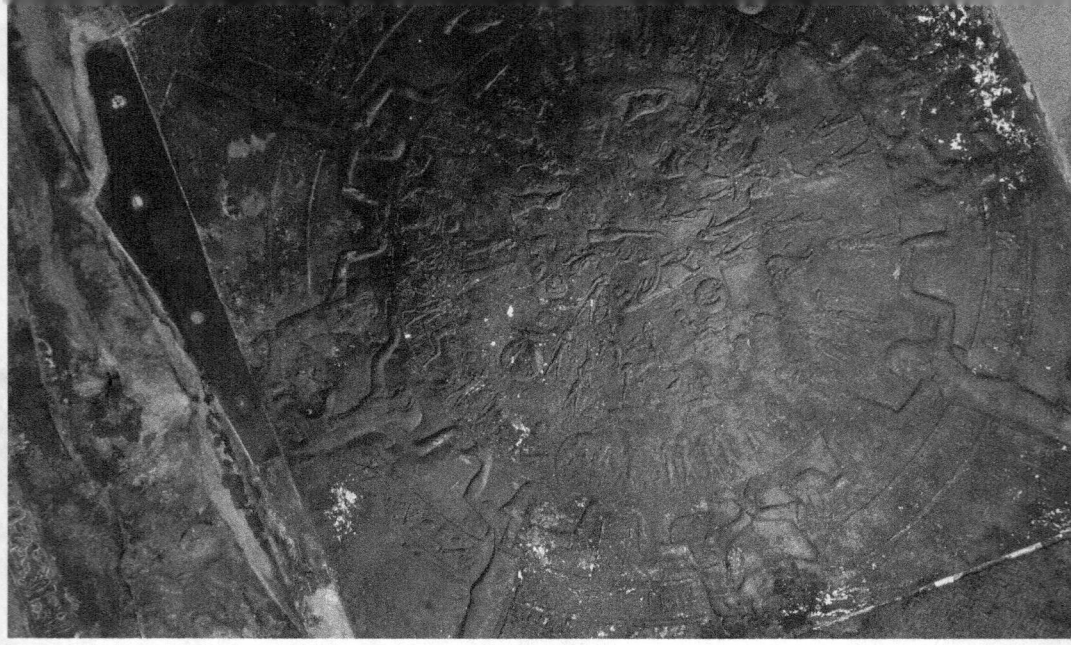
Zodiaque reconstitué

Sans doute par précipitation lors de l'aller, ce n'est qu'au retour depuis la chapelle zodiacale que nous sommes interloqués par la composition du plafond du temple. Une composition peu étonnante après maintenant dix chapitres complets d'aventures à travers le pays, mais qui saura surprendre cependant les esprits les plus parés aux folies antiques des terres égyptiennes. Nous sommes un peu plus de quinze mètres au-dessus du sol et sous nos pieds, un plafond mégalithique avec des blocs de calcaire qu'il est difficilement imaginable de voir présents à cette hauteur.

« *Et les pyramides alors coco ?* » me direz-vous.

Vous avez raison. Je mets simplement en exergue le fait que cela n'en est pas moins étonnant de constater une telle échelle de réalisation en ces lieux qui, de prime abord, ne suintent pas la *mégalithite aigüe*. Qu'à cela ne tienne !

Si cet aspect mégalithique ne suffisait pas, les archis d'époque semblaient gargarisés par leur thé à la menthe et sombraient rapidos dans l'excès de zèle. Le « dallage » du plafond, excusez ce néologisme, est composé de deux niveaux de blocs atteignant une hauteur cumulée d'un mètre quatre-vingt, le tout sur une surface d'environ vingt mètres sur trente, soit six cent mètres carrés. Si j'en crois mes estimations, utilisant 2,5 comme densité simplifiée pour le calcaire dont est constitué le généreux ensemble, cela nous donne un poids total de deux mille sept cent tonnes, soit plus de deux fois l'Obélisque d'Assouan ! Dans les calculs et estimations qu'il me semble intéressant de partager ici, arrêtons-nous au dallage sur plusieurs niveaux du plafond. Ne nous lançons pas dans l'analyse de tous les éléments irréguliers (à ne pas confondre avec « incohérents ») de dispositions des blocs constitutifs de l'ensemble du toit Hathorien, ni dans l'estimation du volume de pierres posées *sous* ce dallage à deux niveaux. Petite info pour briller dans les soirées mondaines : le plus gros bloc présent ici pèse plus de soixante-quinze tonnes avec ses 5,5 mètres de côté et son mètre de hauteur. Des chiffres qui donnent le tournis mais qui, convenons-en, n'ont rien à avoir avec la démesure des pyramides, ni même avec celle d'un autre dallage de temple, au niveau du sol cette fois.

Dallage du toit

…pourquoi…

Vous trouviez incongru (non non, il ne s'agit pas du méchant surnom donné à celui qui bougeait les blocs depuis son outillage métallique en hauteur…) de placer deux niveaux de dalles sur un plafond ? Alors que dire du Temple d'Edfou, dédié au Dieu Horus ? Là-bas, nous nageons en plein délire ! Sur près de 15 000 mètres carrés, nous plaçons nos pas sur un sol apparemment « normal », bien que ce terme vieillira paisiblement dans mon placard tant que je partagerai mes aventures égyptiennes.

Le point G de ce dédale de dalles demeure caché et aucun guide ne prend le temps de s'y attarder. C'est sans compter sur votre serviteur qui n'a qu'une seule mission : vous montrer ce que les autres ratent, sciemment ou non. Vous faire découvrir ces lieux sacrés tel qu'ils le méritent. Le temple d'Edfou se visite de l'intérieur et de l'extérieur. Derrière les murs du flan Est du temple, nous admirons les hiéroglyphes et scènes qui couvrent l'ensemble de l'édifice, jusqu'à ce qu'un petit escalier descende à environ deux mètres cinquante sous le niveau du sol sur lequel nous nous tenons.

Plus on Edfou, plus on rit ?

« Et ça, c'est quoi ? » demandais-je alors au guide académique avec ma candeur habituelle.

Peu importe la réponse donnée, semi-embrouillée de zones d'ombre, mon interrogation sert en fait d'appât pour attirer discrètement l'attention de mon groupe vers la zone de vérité. J'attends patiemment de voir si un des voyageurs regarde cet endroit isolé avec le regard adéquat. Ce qu'il faut voir ici, c'est le sol. Il est composé de…six niveaux de dallage ! Six ! ! Je disais que ce dallage couvre une surface proche de 15 000 mètres carrés (100x150m). Sur 2,5m de hauteur, nous marchons sur 37 500 mètres cubes de caillasses. Avec la densité habituelle considérée, notre calcul aboutit juste en deçà des 100 000 tonnes. 100 millions de kilos ! Une bagatelle pour les bâtisseurs de pyramides. Un accomplissement irréel pour les bâtisseurs de l'époque ptolémaïque grâce auxquels l'édifice en hommage au Dieu Faucon est sensé avoir été érigé [69]. 100 millions de kilos, uniquement pour la base du temple d'Edfou...

Le dallage sous le Temple d'Edfou...6 niveaux !

Revenons à Dendérah. Nous redescendons du toit et parcourons l'étroit escalier qui amène aux salles et chapelles principales du temple. Cet escalier présente une particularité pour le moins étonnante : ses marches semblent avoir été fondues. Au milieu de chaque marche, la roche présente une forte détérioration qu'il est difficile de définir

---

[69] *Pharaons, Dynastie Ptolémaique,* Peter A. Clayton

précisément, mais qui laisse penser qu'une source de chaleur extraordinairement forte aurait pu être appliquée sur la roche avant qu'elle ne fonde et « coule ». Le champ de réflexion concernant l'histoire de ces marches est rapidement limité. Aucune explication rationnelle ne permet d'expliquer l'état constaté, surtout pas une érosion naturelle due aux passages d'humains ou au simple temps qui fait son œuvre. Les murs, eux, sont intacts. Il n'est cependant pas possible de déterminer avec assurance s'ils ont toujours été ainsi ou si les égyptiens qui ont hérité du site les ont restaurés en les retrouvant dans le même état que l'escalier.

Les marches « fondues » du couloir ascendant

Le mystère de cet escalier s'épaissit lorsque l'on se penche sur les dessins représentés sur les murs. Simples hiéroglyphes et scènes sacrées pour certains (quasiment tous), il est possible que nous ayons sous nos yeux le récit le plus important de tous les temps. Celui que l'on appelle le « passage ascendant » nous livrerait en fait le récit complet de l'exode des Atlantes[70] aux alentours d'une date frappée d'une catastrophe dépeinte

---

[70] *La Trilogie des Origines,* Albert Slosman (www.omnia-veritas.com)

par le « zodiaque » de la chapelle, aux alentours de 10 000 avant JC. Une date qui peut paraître bien lointaine. Pourtant nous avons vu dans le chapitre précédent[71] que certains géologues estiment qu'il a fallu 18 000 ans pour que la Terre ensevelisse l'Osirion. Nous serions donc face à deux cas de figure faisant remonter jusqu'aux temps immémoriaux de l'époque antédiluvienne, tantôt appuyés par la science[72], tantôt par l'étude innovante, inattendue mais néanmoins sérieuse d'un chrétien libéral pour qui l'ésotérisme n'a plus de secrets.

Si la cour me le permet, je souhaiterais apporter mon soutien à M. Slosman en ajoutant un grain de science à la portée spirituelle et civilisationnelle de sa démarche.

Nous avons vu que les dix mètres de profondeur de l'Osirion auraient mis près de vingt millénaires pour se retrouver ensablés/enterrés. Mais quid de Dendérah ? A-t-on des infos à ce sujet ? La question a-t-elle seulement déjà été posée ? Visiblement non. Seuls les témoignages d'époque représentés ou appuyés par des visuels nous permettent d'avancer sur ce chemin risqué. Une photo ne constitue pas une preuve scientifique, j'en conviens. Mais à y regarder de plus près, le cliché qui suit offre une indication assez précise et claire des conclusions que l'on peut tirer concernant une réelle datation du Temple de Dendérah.

---

[71] *Abydos*
[72] *Cf Chapitre 12, Le Grand Sphinx*

La porte de Dendérah en 1862

En quoi cette photo nous permet-elle d'avancer ? Aujourd'hui, ce lieu est dégagé de toutes gênes, alors que l'ensevelissement du début du XIXème siècle remontait à plus de douze mètres de haut. Douze mètres ? S'il avait fallu 18 000 ans pour que l'Osirion soit recouvert d'une dizaine de mètres, la même échelle géologique est applicable à l'immense porte de Dendérah. Nous tomberions alors à nouveau de pleins pieds dans cette période reculée que les dogmes établis refusent de considérer.

À l'instar (et non pas Alain Star, références astronomiques obligent) de Patrick Roy couvrant ses candidats de cadeaux, je m'exclame « Mais ce n'est pas tout ! ». Une fois n'est pas coutume, je garde le meilleur pour la fin.

Les fameuses « ampoules » de Dendérah

Lorsque vous tapez « Dendérah » ou « Dendera » sur Google, le nombre de résultats de recherche varie entre 200 000 et 1 100 000. Je n'ai pas eu le temps de tous les vérifier, pourtant je suis convaincu que tous développent, abordent ou mentionnent le plus gros point d'interrogation enveloppant ce temple : les lampes de Dendérah.

Le terme « Lampes de Dendérah », ou aussi « Ampoules de Dendérah » est un terme utilisé pour décrire ce que l'on suppose être une représentation de technologies usitées par les Anciens Égyptiens. Cette représentation se trouve dans la seule crypte souterraine ouverte au public dans le temple qui, dit-on, en compte vingt-deux ! Claustrophobes, s'abstenir.

Les hauts reliefs concernés sont divisés en deux parties, de part et d'autre de l'étroit couloir qui permet d'arpenter le souterrain : la première, composée de deux « lampes », et la seconde avec une seule « lampe ». Selon les égyptologues, le dessin serait une représentation mythologique mettant en scène un serpent dans une fleur de lotus placée sur le pilier Djed. Les interprétations concernant ce dernier nous parlent d'un symbole de stabilité et/ou de la colonne vertébrale du Dieu Osiris. Le serpent, lui, incarne la fertilité liée aux crues du Nil.

D'autres hypothèses nous rappellent au bon souvenir de l'existence avérée de la pile de Bagdad [73] ou de la machine d'Anticythère [74], ce mécanisme complexe considéré comme le premier calculateur capable de déterminer des positions astronomiques, pour laisser sous-entendre qu'il ne serait pas improbable que ces fleurs de lotus soient en réalité des sources d'énergie électrique. Souvenons-nous que personne n'est capable d'expliquer comment, par exemple, le Serapeum de Saqqarah fut creusé et travaillé avec perfection dans le noir le plus total [75]. S'éclairaient-ils avec ces jolies fleurs de lotus ?

Je me souviens des leçons sur l'Égypte qui m'étaient enseignées lors d'un temps que les moins de vingt ans ne peuvent pas connaître. Grace à de superbes schémas, dessins pour être exact, on m'expliquait que la lumière naturelle du Dieu Amon-Ra était captée puis redistribuée grâce à

---

[73] www.futura-sciences.com/sciences/dossiers/physique-physique-chronologie-grandes-etapes-1614/page/2/
[74] www.lepoint.fr/astronomie/machine-d-anticythere-google-celebre-l-ancetre-des-calculateurs-17-05-2017-2127940_1925.php
[75] Cf Chapitre 2, Saqqarah

un astucieux et complexe jeu de miroirs. C'est pourtant si simple, pourquoi chercher plus loin ma chère Lucette ?

J'en profite pour faire une nouvelle courte digression dont je raffole et mentionner une seconde fois le Temple d'Edfou dans un chapitre qui ne le concerne pas. Dans ce temple, les plafonds sont intégralement couverts de suie. La suie en question ne provient pas de lanternes ou torches utilisées pour éclairer mais, nous disent les guides, des cuisines d'époque. Je me demande s'il s'agit des mêmes « cuisines » que celles du Ramesseum…Sauf qu'à Edfou ces cuisines étaient si vastes et nombreuses qu'elles auraient enfumé l'intégralité du temple ? Si je comprends bien, les égyptiens qui ont réussi des prouesses toutes plus affolantes les unes que les autres n'ont pas réussi à concevoir leurs cuisines de manière à éviter l'effet « enfumage barbeuc' » ? Décidément, ces sympathiques guides n'en ratent jamais une pour renforcer les sourires d'adultes que l'on force à croire à des contes pour enfants. Petit Ours Brun n'est jamais là quand il faut ! Le vague autour de cette histoire de miroirs, ajouté à l'absence de marques noires aux plafonds des édifices qui nous intéressent, constitue la base de réflexion de ceux qui appuient l'hypothèse selon laquelle les lotus seraient de « simples » ampoules utilisant du cuivre.

Autre élément symbolique potentiellement présent : les géants, que certains appellent Nephilim, terme employé dans l'Ancien Testament. Bien que l'idée puisse paraître séduisante et qu'il est désormais de notoriété publique que des milliers de squelettes de géants ont été trouvés et détruits à travers la planète pour éviter que les fondements de nos croyances évolutionnistes soient chamboulées[76][77], je ne suis pas

---

[76] En 2013, la Cour Supreme américaine oblige la Smithsonian Institution à publier les rapports sur les destructions volontaires de squelettes de géants datant du début du XXème siécle qui « permettraient de réévaluer les théories actuellement admises sur l'évolution humaine ». La Smithsonian Institution est une institution de recherche scientifique, sous l'égide de l'administration américaine. Ses vocations sont éditoriales, muséographiques, pédagogiques et éducatives. Le Smithsonian Institut est associé à un vaste réseau de dix-neuf musées et neuf centres de recherche principalement, gérés le gouvernement fédéral américain.

[77] En 1894, le Rapport Annuel du Bureau d'Ethnologie, rédigé par Cyrus Thomas et Thomas Powell, contient différentes mentions de squelettes humains retrouvés mesurant entre 2m10 et 2m75. www.archive.org/details/annualreportofbu1218901891smit

encore convaincu. Sur les hauts reliefs de cette crypte souterraine, nous voyons des personnages de tailles différentes. Ceux mesurant plusieurs fois la taille des « petits » sont, dit-on, les géants de l'époque. Étant donné que nous nageons toujours dans les eaux vives du symbole et de la symbolique, j'opte pour une légère réserve et me contente d'y voir des êtres plus puissants dans la hiérarchie mythologico-sociale.

L'argument selon lequel aucun géant n'aurait été capable de construire des pyramides avec des couloirs si exigus ne tient pas. Comme je l'explique dans le chapitre Dahchour[78], les couloirs n'ont selon moi jamais eu vocation à être empruntés par des humains, les pyramides étant des complexes activés et auto-suffisants dès la fin de leur construction.

La seule certitude qui émane de ce mystérieux souterrain est la présence de décors, soignés et de haute qualité (haut-reliefs). Les réalisations avaient donc précisément vocation à être vues. Par qui ? Pas nécessairement tout le monde. Nous pouvons voir dans l'exiguïté des lieux un aspect secret, fermé, caché, réservé seulement à des initiés aptes à recevoir certaines connaissances et enseignements.

---

[78] *Cf partie dédiée à la Pyramide Rouge*

Jan Niedbala

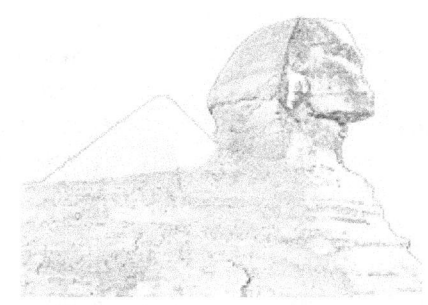

LE GRAND SPHINX

Le Guide Secret de l'Égypte Ancienne

Si l'Égypte est synonyme de pyramides, les énigmes liées au pays de la *Terre Noire* ne sauraient être mieux incarnées que par le Sphinx. Cette statue taillée directement dans la roche calcaire contemple un lointain horizon comme pour fuir nos incessantes questions…ou nous indiquer la bonne direction.

Les preuves d'un héritage massif de connaissances matérielles et ésotériques sont omniprésentes. Les leçons improbables tirées de ce majestueux et mystérieux monument démontrent une précise compréhension de la métaphysique humaine et de son rôle dans l'Univers.

Les hypothèses concernant le Sphinx forment un tissu d'approximations si épais que la mystique figure livre aisément les évidences d'erreurs improbables, et par la même efface la craie du tableau égyptologique sur lequel on s'obstine à réécrire depuis toujours « Lion à tête d'homme ». Pour comprendre ce que l'on dit sur le Sphinx, il faut faire machine arrière et reconstituer le *modus operandi* qui a permis les conclusions acceptées jusqu'aujourd'hui.

La construction du Sphinx est généralement attribuée aux pharaons vers -2500, soit la même période que celle des pyramides. Cette déduction contemporaine vient de l'emplacement de ces réalisations. Si le Sphinx se trouve à proximité de pyramides construites à une certaine époque (historiquement parlant), alors il est issu de cette même époque. D'ailleurs, il est situé *presque* devant la pyramide de Khephren à laquelle il semble relié par une allée de mégalithes en albâtre. Cela indique sans doute que la mystérieuse tête du Sphinx représenterait Khephren lui-même. Si ce n'est pas lui, faute d'inspiration et d'éléments tangibles quant à l'identité réelle du paisible lion, alors mystère et boule de gomme…donc c'est lui ! Je vous vois esquisser un léger rictus à la lecture de mon style que vous croyez peut-être intentionnellement provocateur et condescendant en vue de servir une certaine vision des choses. Si seulement…Ce que je décris ici est pourtant l'approche considérée et relayée par les académiques qui justifieront aussi d'une statue de Khephren retrouvée aux alentours du Temple de la Vallée pour démontrer définitivement qui était le Sphinx. Scientifiquement parlant, nous conviendrons sans ménage que le vide intersidéral que constitue le discours officiel sur le Sphinx est symptomatique de la morgue avec laquelle les dogmes nous sont imposés. Imaginons seulement la situation inverse où le Sphinx serait reconnu pour être un autre pharaon que Khephren. Une situation inverse où nous tenterions de convaincre qu'il s'agit bien de cet autre pharaon en avançant les arguments qui nous sont exposés aujourd'hui. Je n'ose entrevoir le tollé général auquel nous ferions face, en avançant des arguments…qui n'en sont pas ! Ce sont précisément ces arguments que l'on nous astreint à assimiler. Plus que jamais, notre mission n'est pas de trouver des réponses. Notre mission est de soulever les bonnes questions. Soulever les vraies questions, dont la portée est universelle, en occultant les réponses décisives et manichéennes qui nous égarent du chemin de la vraie réflexion.

Ne pouvant supporter une telle succession d'inepties, notre quête de vérité permet un rapide croisement d'informations factuelles. Ces informations font partie des premières que je partage aux groupes que je guide sur place afin d'éviter les discussions stériles avec mon habituelle et adorable, mais non moins scolaire, guide Gigi. Outre les considérations géologiques et techniques que nous aborderons dans un instant, je m'en remets aux simples réalisations dynastiques pour savoir si oui ou non le Sphinx représente Khephren.

Il suffit de superposer une représentation du pharaon présente au Musée du Caire avec la tête du Sphinx pour démontrer l'incompatibilité. Si la statue de Khafrê, son nom égyptien, du Caire est bel et bien celle de Khephren, alors le Sphinx ne peut pas être Khephren, et inversement… Les différences flagrantes observées entre les deux sont admises par les égyptologues, mais pour eux cela ne change rien, il s'agit bien de la même personne. On nous expliquera que dans ce cas précis l'absence de similitude provient des compétences inégales entre des tailleurs de pierre. Ce discours m'étonne, surtout venant d'ambassadeurs officiels d'une culture réputée pour sa soif de perfection. « Oui, mais pas toujours. Il y a des exceptions ». Heureusement qu'il y a des exceptions pour expliquer l'inexplicable. Me voilà rassuré !

Profil de Khephren version Sphinx

Profil de Khephren version statue

Jan Niedbala

Afin de compenser mes années passées au fond de la classe à bavasser sur des sujets hautement enrichissants, j'ai aujourd'hui à cœur de devenir le bon élève que je n'aurais su être. Je prends pour argent comptant cette explication infantilisante avant de poursuivre mon chemin autour du Sphinx.

Toujours guidé par mon respect des valeurs et des traditions, je suis systématiquement scandalisé par les rénovations qui n'en finissent jamais. Je comprends que le but est, semble-t-il, d'atténuer les traces d'érosion et lui faire un bon lifting pour le bonheur des touristes chinois dont le nombre croit de 10% chaque année, mais cela pose problème à bien des égards. D'abord, le Sphinx se dénature progressivement. Espérons de tout cœur qu'on ne verra jamais un Sphinx intégralement rénové. Cela marquerait l'avènement de la soumission de l'Égypte à l'horreur et la cruauté culturelle de l'industrie touristique de masse. Ensuite, ce lifting tend à lui redonner un aspect originel que l'on est encore incapable de dessiner précisément. On subodore, oui. On sait, non. Ajouté à cela le fait que l'érosion n'est pas un phénomène exclusivement extérieur. L'érosion affecte également l'intérieur de la roche. Recouvrir le Sphinx de ces odieuses briques condamnerait l'accès aux éventuelles réparations intérieures nécessaires à sa sauvegarde.

Un Sphinx progressivement dénaturé

La marche continue sur l'enceinte du Sphinx d'où nous constatons des traces d'érosion sur la statue, ainsi que sur les mégalithes qui forment son périmètre. Lors de sa découverte, seule sa tête dépassait du sable. Constat indiquant que la tête devrait avoir subi plus de dégâts et d'érosion qu'un corps ensablé. Or, ce n'est pas le cas. La question est de savoir d'où provient l'érosion et combien d'années il aura fallu pour qu'elle se forme. Si le Sphinx était ensablé lorsque Napoléon l'a étudié à partir de 1798, et que Caviglia en 1816, Mariette en 1850, et Baraize en 1926 ont connu la même contrainte logistique, nul doute que le désert n'attend pas la Saint Glinglin pour recouvrir les 20 000 tonnes d'un Sphinx qui fut probablement « toujours » ensablé. Et que dire du mythe du songe de Thoutmôsis IV dont les origines du règne demeurent aléatoires ? Voilà ce que l'on en dit :

« Un jour il advint que le fils royal Thoutmôsis, qui allait se promener à l'heure de midi, se reposa à l'ombre de ce grand dieu ; la torpeur du sommeil le saisit, au moment où le soleil était à son zénith. Il s'aperçut alors que la Majesté de ce dieu auguste lui parlait, de sa bouche même, comme un père parle à son fils, disant : regarde-moi, contemple-moi, ô mon fils Thoutmôsis ; je suis ton père, Horakhéty-Khépri-Râ-Atoum ; je te donnerai la royauté sur terre, à la tête des vivants, tu porteras la couronne blanche et la couronne rouge sur le trône de Geb, le prince des dieux. La terre t'appartiendra en sa longueur et sa largeur, et tout ce qu'illumine l'œil brillant du maître de l'Univers. Voilà que maintenant le sable du désert me tourmente, le sable au-dessus duquel j'étais autrefois ; aussi hâte-toi vers moi, afin que tu puisses accomplir tout ce que je désire. »[79]

Promis au trône du royaume d'Égypte par le Sphinx dans ce rêve, Thoutmôsis le fit désensabler. Le climat n'ayant pas changé entre -2500 et -1400, la logique conduit à penser que si le Sphinx était recouvert en -1400, il l'était tout autant neuf cent ans plus tôt. Peut-on décemment imaginer les égyptiens passer le million d'heures estimées[80] à la taille du Sphinx sur un lieu aussi inhospitalier qu'il aurait requis une attention continue afin d'en éviter l'ensablement perpétuel ? C'est ce que confirme Gaston Maspero. Égyptologue français, et second directeur du Musée Égyptien du Caire, il écrit en 1886 que la treizième ligne de la stèle du

---

[79] *Site de l'Universié de Fribourg en Suisse.* www.elearning.unifr.ch
[80] *Message of the Sphinx, Graham Hancock & Robert Bauval*

Sphinx comporte un cartouche de Khephren qui indiquerait les fouilles menées par le prince, futur roi. Nous pouvons en conclure la présence d'un Sphinx ensablé au temps de Khephren et ses prédécesseurs dynastiques.

Stèle du Sphinx

Attention cependant car le nom présent dans le cartouche est partiellement illisible au point que la mention même de son nom ne comporte qu'une seule syllabe « Khaf » au lieu de deux « Khaf-ra ». Une autre stèle, celle dite de « l'Inventaire » créée par les prêtres de la XXVIème dynastie en l'honneur et mémoire des morts de l'Ancien Empire, liste vingt-deux statues divines. Sa légitimité est malmenée par les historiens qui y trouvent de nombreux anachronismes si l'on se réfère à la chronologie officiellement établie. Parmi ces supposés anachronismes, nous retrouvons l'existence contemporaine des pyramides et du Sphinx avant les règnes pharaoniques. L'ombre du faux pèse sur ce document qui pourrait cependant venir appuyer les autres éléments nous permettant de penser que le Sphinx remontrait à une époque inconnue. La traduction généralement acceptée de cette Stèle de l'inventaire dit ceci :

"Longue vie au roi de la Haute et Basse Égypte, Khéops, donneur de vie. Il a trouvé la Maison d'Isis, maîtresse de la pyramide, à côté de la cuvette de Hwran (le Sphinx). Et il fit construire sa pyramide à côté du temple de cette déesse, et il a construit une pyramide pour la fille du roi Henutsen à côté de ce temple. Le lieu de Hwran Horemakhet (Sphinx) est sur le côté sud de la maison d'Isis, maîtresse de la pyramide. Il a restauré la statue, toute couverte de la peinture du gardien de l'atmosphère, qui guide les vents avec son regard. La figure de ce Dieu, coupée dans la pierre, est solide et durera pour l'éternité, gardant son visage regardant toujours vers l'est "

Et si le Sphinx avait été construit avant les pharaons, à une époque où le climat du plateau de Gizeh était tout autre[81] ?

C'est ce qu'indique cette fois la géologie. Nous savons maintenant que le sable et le vent n'ont pas pu être les sources d'érosion présents sur le Sphinx en raison de son ensablement. Sur les blocs qui constituent l'enceinte du Sphinx, l'érosion n'est pas horizontale, mais verticale. L'explication scientifique la plus solide nous vient de Dr. Robert Schoch, professeur au *Massachussetts Institute of Technology* de Boston. Ses travaux ont germé de l'inspiration insufflée par John Anthony West après la lecture d'une œuvre de R.A Schwaller de Lubicz[82] qui fut le premier à mentionner la présence d'érosion aquatique aux abords du Sphinx. Voilà ce qu'il (Schoch) nous en dit :

« *En 1990, je me suis rendu en Égypte pour la première fois avec comme seul objectif d'examiner le Sphinx d'un point de vue géologique. Je supposais que les datations données par les égyptologues étaient correctes mais me rendis rapidement compte que les preuves géologiques étaient incompatibles avec les dates avancées. Sur le corps du Sphinx et*

---

[81] Cf Chapitre 7, *Colosses de Memnon*
[82] *Le Roi de la théocratie pharaonique*, 1961. « On a prétendu que cette érosion était due aux vents de sable du désert, or tout le corps du Sphinx est protégé de tous les vents qui viennent du désert de l'Ouest, les seuls qui pourraient provoquer une érosion. Seule la tete dépasse de cette cuvette et elle ne montre aucune érosion. Nous pouvons admettre qu'une grande civilisation a du précéder les vastes mouvements d'eau qui ont passé sur l'Égypte, ce qui laisse supposer l'existence du Sphinx sculpté dans la roche de la falaise Ouest de Gizeh, ce Sphinx dont tout le corps léonin, à l'exception de la tête, montre une indiscutable érosion aquatique. »

sur les murs d'enceinte sont visibles de fortes traces d'érosion qui n'ont pu être créées que par des écoulements et précipitations d'eau. La région dans laquelle se trouve le Sphinx est connue pour être aride depuis plus de cinq mille ans. De plus, d'autres structures datées de l'Ancien Empire montrent quant à elles une érosion causée par le vent et le sable. J'en conclus que les parties les plus anciennes du Sphinx remontent à une période plus reculée, estimée entre -5000 et -9000, durant laquelle le climat permettait les chutes de pluies. Nombreux sont ceux qui se sont alors élevés, prétendant qu'il n'est pas possible que le Sphinx soit si vieux car sa tête est clairement celle d'un pharaon dont les dynasties ont débuté en -3200. À vrai dire, si l'on y regarde de plus près, la tête semble affreusement petite comparée aux proportions du reste du corps. Il me semble clair que la tête actuelle n'est pas la tête d'origine. Si tel était le cas, elle présenterait les mêmes niveaux d'érosion que le reste du corps. Étant donné que ce n'est pas le cas, l'hypothèse la plus probable est celle de la retaille durant l'époque dynastique. »

droite, la croupe du Sphinx. À gauche les murs d'enceinte présentent l'érosion verticale due à des chutes d'eau.

En gros plan

D'un autre angle

Outre son aspect minuscule et sous-proportionné, la tête suscite d'autres débats comme celui de l'origine ethnique des pharaons, ou tout du moins du pharaon de la tête du Sphinx. Depuis quelques années, les mouvements afro-centristes se réclament comme seuls héritiers du pan pharaonique de l'Histoire égyptienne. Les morphotypes des statues égyptiennes présentent une telle diversité qu'il est rapidement démontrable que les peuples d'Afrique subsaharienne n'étaient pas seuls sur les terres d'Osiris. Néanmoins, et n'en déplaise à ceux qui nient férocement la présence de descendants d'Afrique noire en Égypte, il apparaît incontestable que le visage du Sphinx possède une structure faciale qui laisse peu de doute quant aux origines subsahariennes du pharaon ici présent. Qui étai(en)t ce(s) pharaon(s) noir(s), d'où venai(en)t-il(s), qui étai(en)t-il(s) ? Nous ne le savons pas, mais ils ont indubitablement foulé un jour les rives fertiles du Nil. Franck Domingo, physionomiste criminologue à la police de New York s'est adonné à la comparaison des profils dont je parle à mes groupes en début de voyage. Il les a analysés en utilisant des techniques photographiques similaires à celles employées en orthodontie. La tête du Sphinx présente un prognathisme maxillaire alors que la statue de Khephren du Musée du Caire est ce que l'on appelle proto-Européenne. Par conséquent, le Sphinx est selon lui la représentation d'une personne issue d'Afrique noire. Il ajoute qu'aucun artiste ne pourrait se méprendre au point de créer deux visages si opposés de la même personne[83].

À gauche le Sphinx. À droite, la statue de Khephren au Musée du Caire

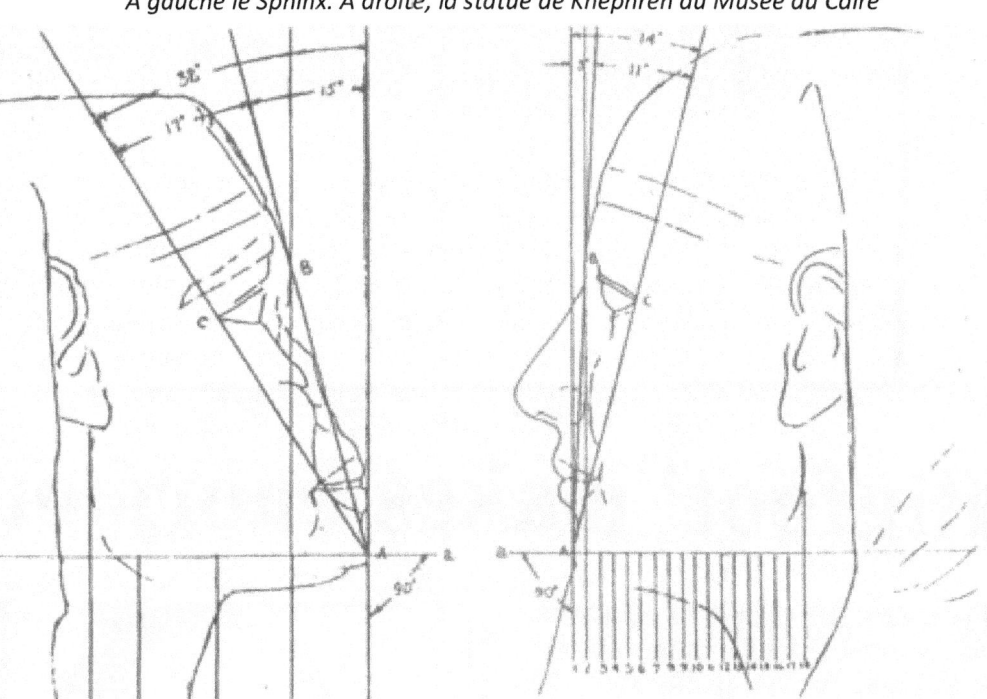

---

[83] Article paru dans le New York Time du 18 juillet 1992
www.nytimes.com/1992/07/18/opinion/l-sphinx-may-really-be-a-black-african-408692.html ?mcubz=0

Que représentait le Sphinx avant qu'il ne soit humanisé ? Un lion ? Un chacal ? Un pharaon ? Tout a été dit sur le Sphinx. Tous les prétendants à la clé du mystère présentent une théorie appuyée d'extraits de textes desquels on peut tirer des indices concordants. La réalité est que toutes ces théories se valent. Il est donc objectivement impossible de savoir qui dit vrai. Les deux seules certitudes qui demeurent sont :

- l'âge du Sphinx ne correspondant pas à ce qu'il en est dit
- la tête a été retaillée

Savoir si le Sphinx était Tefnout[84], Anubis[85], ou simplement un visage de pharaon aux bonnes proportions, personne ne peut prétendre savoir. Lorsque l'on parle de retaille de la tête il faut bien comprendre qu'il ne s'agit pas de remplacer les blocs de calcaire érodés en vue de retrouver les traits d'antan du visage abimé, mais bien du réajustement d'une tête initialement plus large, devenue en très mauvais état, au profit d'une plus modeste et aux caractéristiques soignées.

Si la géologie permet d'éliminer les périodes durant lesquelles il n'est pas possible que le Sphinx ait été construit, elle ne permet pas de dater précisément la réalisation d'une œuvre. Cet exercice complexe, un chercheur s'y est essayé en scrutant les poussières de réponses, non pas sous nos pieds, mais dans les étoiles : Robert Bauval. L'archéoastronomie est un domaine qui permet de savoir que les anciens possédaient une connaissance poussée de l'univers. Si les trois pyramides de Gizeh et Teotihuacan sont alignées sur ce que l'on appelle le baudrier d'Orion ce n'est pas le fruit du hasard. Partant de cette constatation M. Bauval a enquêté pour tomber sur une date du Sphinx voisine de -10 500. Avec deux méthodes différentes, deux chercheurs sont tombés sur un consensus : l'âge du Sphinx remonte à une époque bien plus reculée qu'on ne le pense.

---

[84] Femme à tête de lionne avec un disque solaire sur la tête et déesse de la mythologie égyptienne, Tefnout est la première divinité féminine à venir à l'existence dans l'univers. Avec son époux Shou, elle assure la première procréation sexuée du monde.
[85] Dieu funéraire de l'Égypte antique, Anubis est maître des nécropoles et protecteur des embaumeurs, représenté comme un grand canidé noir couché sur le ventre

Au vu des nombreuses indications d'équinoxes et récurrences astronomiques décrites dans les architectures sacrées des temples égyptiens, la position du Sphinx plein Est pourrait indiquer un marqueur équinoxial. Couplé à sa forme proche du lion, il n'y a qu'un pas vers la constellation du Lion qui devient alors une piste de réflexion sérieuse. Le lien entre les deux se fait en utilisant la science précessionnelle.

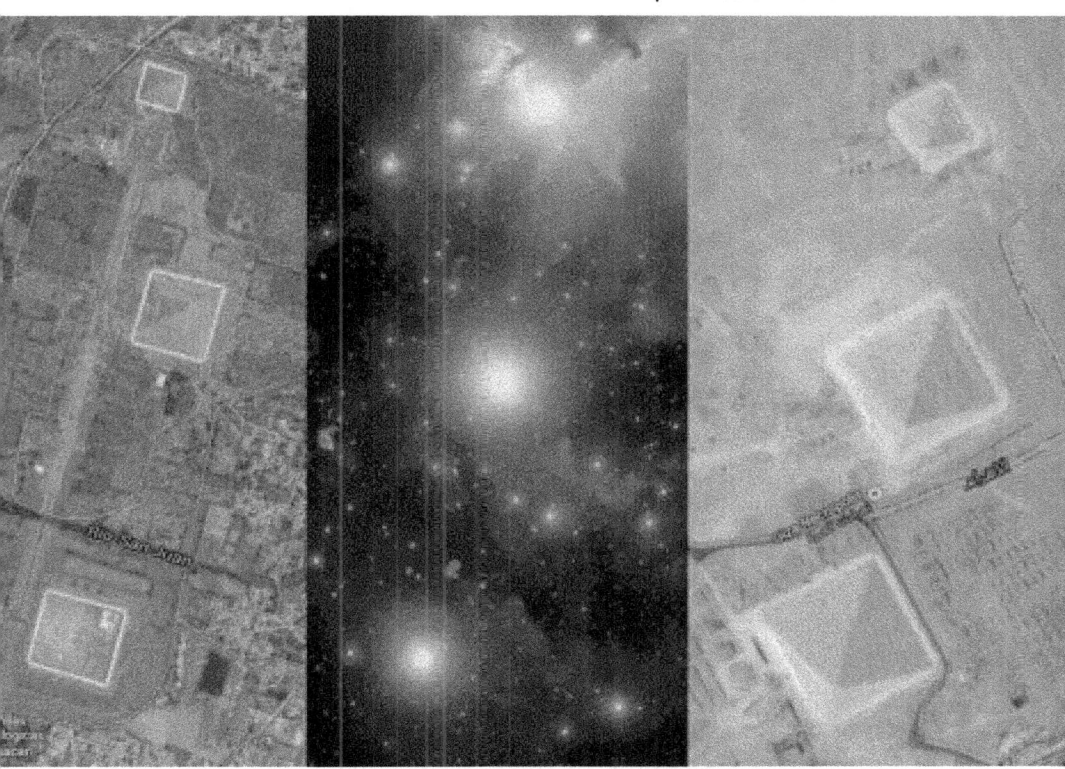

Teotihuacan, le baudrier d'Orion, Gizeh

Le concept de précession est relativement simple. La Terre tourne sur elle-même. L'axe autour duquel elle tourne, lui, oscille. Cette oscillation entraîne un changement graduel d'orientation de cet axe, exactement comme les toupies qui vacillent lorsque leur célérité décroît. L'oscillation est provoquée par le couple qu'exercent les forces de marées de la Lune et du Soleil. Ce changement graduel de l'orientation de l'axe par rapport aux étoiles opère un changement de position de ces dernières sur la sphère céleste. Par exemple, l'étoile polaire (repère du Nord géographique) n'est plus la même suivant le moment où elle sera observée. De fait, le point équinoxial indiquant la direction du soleil à l'équinoxe de printemps est également soumis à ce changement de place dans le ciel. Chaque année, il précède légèrement sa position occupée lors de l'équinoxe de l'année antérieure, et ainsi de suite pour les années suivantes, d'où le terme *précession des équinoxes*. Les décalages d'emplacement dans le ciel sont infinitésimaux, si bien qu'un tour complet précessionnel s'achève en 25 760 années.

Ce phénomène est facilement observable à l'échelle d'une vie. Placez deux objets, des pierres, en les alignant avec une constellation lors de son apparition dans l'horizon étoilé. Quarante, cinquante, soixante ans plus tard, les pierres seront au même endroit, mais l'alignement avec la constellation sera décalé. Ainsi, les douze signes du zodiaque défileront les uns après les autres pendant ces 26 000 ans.

Les textes égyptiens démontrent que les anciens imaginaient leur royaume comme étant une réflexion terrestre du monde céleste [86]. Convaincu que chaque représentation au sol a une connexion astrale claire et précise, Bauval s'est posé la question de savoir à quelle période le Sphinx aurait regardé la constellation du Lion s'élevant devant lui. Réponse : en 10 500 avant JC. Pour lui, la réponse se trouve ici. Il a ensuite cherché à trouver d'autres corrélations. En 1994, il réalise que les trois étoiles du baudrier d'Orion sont positionnées comme les trois pyramides de Gizeh. Aussi, il suggère que le Nil serait le reflet de la Voie lactée, comme si les bâtisseurs avaient voulu représenter au sol une carte du ciel. En remontant dans le temps, il retrouve la position exacte qu'avaient les étoiles du baudrier d'Orion avec la Voie Lactée de sorte qu'elles correspondent à la position des pyramides et du Nil. Ne cherchez pas plus loin : 10 500 ans avant Jésus-Christ, comme le Sphinx ! Pour Bauval, la réponse se trouve dans les étoiles et il l'a trouvée.

À ceci, j'émettrais une simple réserve en prenant en compte l'état global de la planète à cette époque. La dernière période glaciaire prend fin, les glaces fondent, les eaux montent, le chaos s'empare des continents. Difficile d'imaginer une peuplade en plein essor qui s'évertue à signifier sa grandeur. Si l'on en croit le concept de Bauval, il faudrait alors

---

[86] *Le miracle égyptien*, R.A. Schwaller de Lubicz

remonter un cycle précessionnel de plus pour retomber sur des estimations plus plausibles, et encore plus folles pour l'*establishment*. Un cycle précessionnel supplémentaire nous amène en -36 000 qui correspond à la date donnée par les tablettes de rois prédynastiques. Au même titre que les datations conventionnelles, cela ne restera qu'une supposition tant que le Ministères des Antiquités n'autorisera pas de sérieuses études géologiques comme veulent en mener Robert Schoch et John Anthony West depuis plus de vingt ans.

Devant le Sphinx, se trouvent deux temples adjacents dont les bases structurelles sont composées de blocs mégalithiques calcaires pesant entre dix et cent tonnes chacun. Tous proviennent du périmètre du Sphinx duquel ils ont été extraits lorsque ce dernier fut taillé. Les trois réalisations seraient donc contemporaines. Schoch lui-même explique que le Temple de la Vallée a été restauré par les égyptiens durant l'Ancien Empire lorsqu'ils y ont posé des mégalithes de granit en guise de nouveau parement. Il donne deux explications :

- les blocs de granit sont taillés exactement pour être accueillis par les murs de calcaire
- le calcaire présent derrière le granit est érodé comme l'est le calcaire du Sphinx

*Pyramide de Khéops au fond, ainsi que le Sphinx masqué
par le Temple de la Vallée*

Un de mes voyageurs donnant l'échelle des blocs de calcaire

Une voyageuse devant les blocs de granite cette fois

Quelle que soit la ou les chronologies successives, nous sommes face à des réalisations stupéfiantes que j'ai observées en détails. Un jour un détail attire mon attention et me fait penser que calcaire et granite ont pu être assemblés de concert. À quelques pas de l'entrée du Temple de la Vallée, je franchis la ligne granitique du parement. Subjugué, j'avance alors que ma tête reste bloquée sur l'épaisseur phénoménale de ce manteau protecteur. Au dernier moment, je m'arrête. Je crois avoir aperçu une curiosité derrière la poubelle qui cache (et gâche) la vue. Je me penche de plus près et pense avoir découvert un élément dont je n'avais jamais entendu parler. Serait-ce possible que Schoch et les grands pontes de l'archéologie alternative aient tort ? Pas tort sur tout, certaines évidences sont incontestables. Tort simplement sur l'édifice de ces deux temples : une première salve mégalithique calcaire, contemporaine à la construction du Sphinx, suivie d'une salve restauratrice durant laquelle le granite fut posé, quelques milliers d'années plus tard laissant le temps au calcaire de s'éroder. Ce que j'ai sous les yeux semble indiquer que la conception des blocs granitiques intégrait toutes contraintes d'assemblage imposées par les blocs calcaires. Cela n'empêche pas que les restaurateurs aient pu relever lesdites contraintes afin que leurs Lego géants viennent s'encastrer miraculeusement dans le mur érodé préexistant. Une possibilité bidimensionnelle qui n'explique pas l'aspect tridimensionnel que je constate. Le bloc de granit que j'observe possède une excroissance pointue prévue spécifiquement pour se solidariser avec le monolithe qu'il « protège ». Ma découverte est celle-ci : la manière dont les deux blocs sont imbriqués invaliderait, ici, l'hypothèse selon laquelle le granite fut placé sur le calcaire lors de restaurations. Il est selon moi contemporain au calcaire. J'irai même jusqu'à dire que granite et calcaire ont dû obligatoirement être posés *exactement* au même moment pour que l'assemblage se fasse. La complexité avec laquelle les blocs sont liés empêche d'imaginer que l'un ou l'autre aient été posé avant ou après. Les deux ont dû impérativement être placés au même moment.

Restes inférieurs du parement granitique

L'imbrication granite/calcaire démontrant selon moi que granite et calcaire ont dû être montés en même temps.

Il m'aura fallu près de dix ans, mais j'ai fini par trouver ce minuscule détail qui je l'espère résonnera auprès des communautés scientifiques, académiques et alternatives, afin de reconsidérer certains aspects chronologiques du Temple de la Vallée. J'avoue cependant la réserve que j'émets vis à vis de ma « découverte » dans la mesure où je ne saurai expliquer l'érosion du calcaire. Est-ce que je me trompe ? Est-ce que cette imbrication simultanée ne serait en fait qu'une illusion d'optique créée par le granite dont la dureté n'a fait qu'une bouchée du calcaire ? Tant de questions qui viennent s'ajouter à celles des angles.

Dans le Temple de Vallée, les architectes antiques se sont donnés comme maître mot de complexifier leur tâche au maximum. L'expression de cette douce directive est la plus flagrante dans les angles des blocs de granite. Oubliez les angles droits, sans doute trop communs, et découvrez l'anarchie angulaire. Pour les égyptologues, tout va bien. Pour les penseurs libres, ces coins constituent un des plus beaux mystères antiques, surtout lorsqu'ils reproduisent trait pour trait l'architecture andine que l'on retrouve aux quatre coins de Cusco et de la Vallée Sacrée au Pérou. Impossible de dire pourquoi les bâtisseurs se sont imposés de telles contraintes. Les hypothèses sur la science antisismique sont en tête de file des explications alternatives qui malheureusement ne parviennent pas à déterminer de manière conclusive ce qui a poussé les anciens à agir ainsi.

Angles et retours d'angles impossibles

L'aspect général de l'intérieur du Temple de la Vallée détonne complètement avec le reste du pays. Sa magnifique simplicité est troublante tant elle présente la maîtrise la plus complète des techniques de construction, suggérant quelques indices sur les origines des bâtisseurs. Les piliers de granite surmontés horizontalement par des blocs tout aussi massifs indiquent une ressemblance certaine avec Stonehenge. Les formes irrégulières des angles et blocs renvoient aux constructions péruviennes. Depuis combien de temps tout cela est-il vraiment en place ? Ces blocs de granit ont-ils été témoins de la conception du Sphinx ? On peut se demander aussi quel était le but de cet étrange lieu. Le design ne semble pas égyptien. Aucun hiéroglyphe. Des blocs dont les tailles sont pour le moins inhabituelles dans les temples dynastiques. Mais ces blocs ne sont pas seuls en Égypte. La puissance de ces massives colonnes monolithiques se fait remarquer ailleurs dans le pays. À un seul autre endroit que vous connaissez désormais : l'Osirion d'Abydos.

Des faux airs d'Osirion

Le Guide Secret de l'Égypte Ancienne

Joints miraculeux, quasi invisibles

Deux blocs de granite assemblés sans mortier...ça pique !

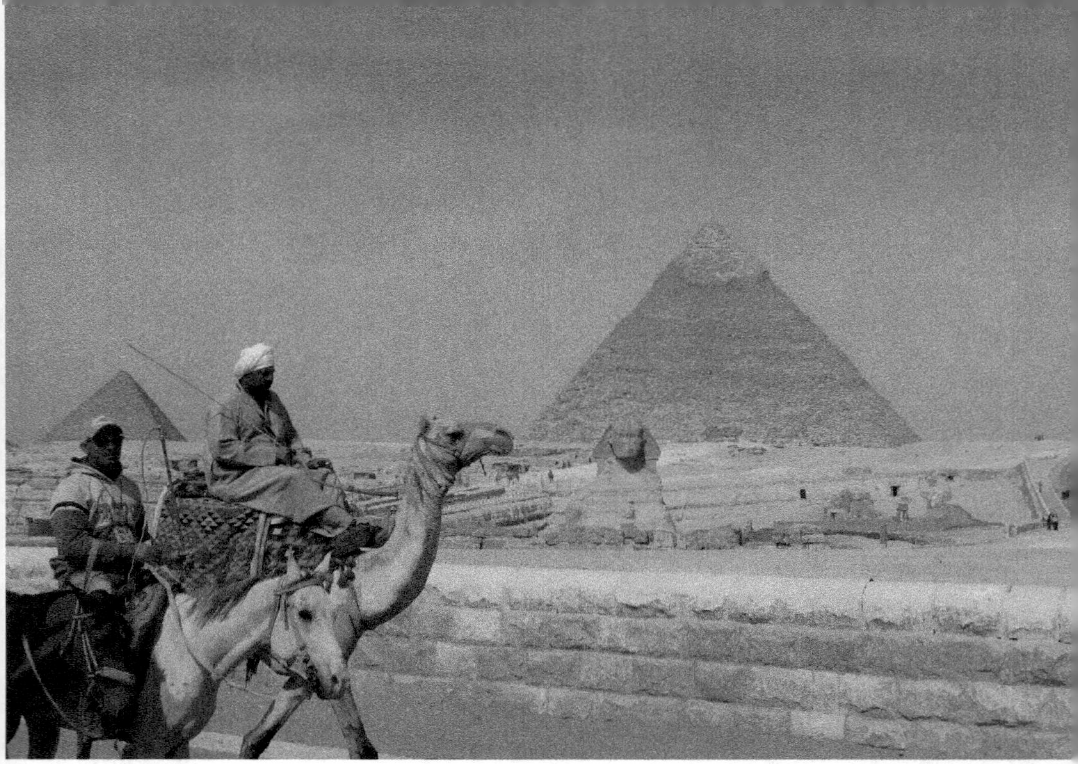

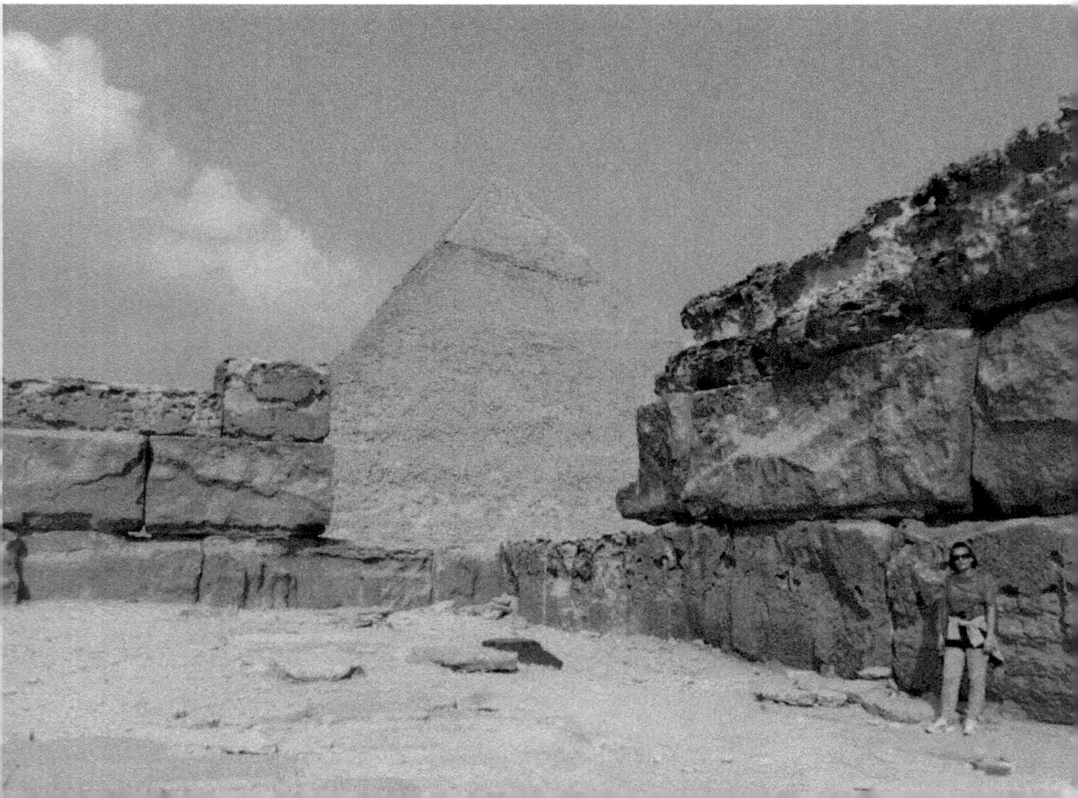

LES PYRAMIDES DE GIZEH

« *Même quand j'étais au CM2
je n'y croyais une seule seconde.* »
Timea Mátrahegyi –
Professeure de physique à Budapest,
Hongrie.

Lorsque l'on pense « Égypte Ancienne », la première image qui vient à l'esprit de tout un chacun est évidemment celle des Pyramides de Gizeh. Les interrogations liées aux Pyramides de Gizeh ne fusent pas que dans les cercles initiés. Personne sur Terre n'est capable de dire comment et pourquoi elles sont là. L'universalité du mystère de la civilisation égyptienne rend leur rôle cosmique. Voilà pourquoi, inconsciemment, nous nous sentons tous concernés.

Depuis toujours, on nous apprend que les trois sublimes furent produites durant la IVème Dynastie, aux alentours de -2500. La première vraie notoriété de la Grande Pyramide apparaît lorsqu'Antipatros de Sidon en fait mention dans un poème datant de -140 dans lequel il liste les Sept Merveilles du Monde.

« *J'ai posé les yeux sur le rempart de la vaste Babylone surmontée d'une route pour les chars, sur la statue de Zeus par Alphéos, sur les jardins suspendus, sur le Colosse du Soleil, sur l'énorme travail des hautes pyramides, sur le vaste tombeau de Mausole ; mais quand je vis la maison d'Artémis s'élevant jusqu'aux nuages, ces autres merveilles perdirent leur éclat, et je dis 'hormis l'Olympe, jamais le Soleil ne vit si grande chose.* »

Les Pyramides de Gizeh sont au nombre de trois. Chacune porte le nom du pharaon qu'elles sont supposées avoir accueilli dans leur chemin vers l'au-delà : Khéops, Khephren et Mykérinos. Bien que la théorie maintienne son affirmation selon laquelle les pyramides étaient des tombeaux, il n'y a aujourd'hui plus grand monde qui, honnêtement, ose souscrire à cette idée.

La pyramide la plus ancienne est, dit-on, celle de Khéops dont le règne aurait duré vingt-cinq ans, de -2550 à -2225. C'est d'elle que part l'hypothèse selon laquelle les deux autres sont aussi des sépultures sacrées. Si nous l'avons déjà mentionné dans ce livre, il est toujours bon de rappeler que jamais aucun corps n'a été retrouvé dans une pyramide en Égypte. Ni à Gizeh, ni à Dahchour, ni ailleurs.

Concernant Khéops, il n'existe qu'une seule statue le représentant. Une. Attention aux termes employés, car je ne suis pas certain que « statue » puisse s'appliquer dans son cas. « Statuette » tout au plus. Le pharaon qui aurait ordonné l'édifice de l'œuvre la plus énigmatique et mystérieuse de l'Histoire de l'Homme n'existe nulle part, si ce n'est au travers d'un morceau d'ivoire de dix centimètres exposé au Musée du Caire...Dans la famille Sanapadsens, je demande les trois dernières générations !

Une fois de plus, l'honnêteté intellectuelle voudrait que tout le monde soit d'accord sur trois points :

- on ne sait pas qui a construit les pyramides
- on ne sait pas à quoi servaient les pyramides
- on ne sait pas comment ont été construites les pyramides

Cela en devient presque douloureux d'entendre le disque rayé des académiques qui se rattachent à des percepts désuets. Si bien que la remise en question de ces tendances n'appartient plus seulement aux chercheurs de vérité. Depuis quelques décennies, des égyptologues officiels admettent les doutes qui pèsent quant à la véracité de ce que l'on en dit. A mesure que les secrets et découvertes se multiplient, les indications se font plus précises vis à vis du niveau de connaissances et compétences technologiques requises à ces accomplissements.

Sans aller jusqu'à prétendre que les connaissances des bâtisseurs dépassaient les nôtres, il est désormais indubitable qu'elles dépassaient en tous points celles qu'on leur attribue conventionnellement.

Notre vision des anciens a toujours été biaisée par ce qu'en a dit Hérodote. Dans l'œuvre historique intitulée *Histoires*, après son séjour passé sur les terres des pharaons durant quatre mois de crues du Nil, il dépeint un tableau égyptien assez confus. Un peu à tous azimuts, il donne crédit à nombre d'idées, d'hypothèses, de théories. Le flot de sa prose semble un confluent de tout ce qui a pu être dit sur les pyramides et notamment leur construction. Nous mentionnions dans l'introduction que l'on cite Hérodote comme point de départ crédible de la réflexion égyptologique, mais nous disions également que l'on en garde que ce qui nous semble acceptable. « 100 000 hommes qui tirent des gros cailloux », c'est à Hérodote qu'on le doit. Des auteurs qui ont écrit sur les pyramides, il ne reste quasiment rien. Acceptons de ne pas pouvoir en savoir plus. Acceptons aussi qu'entre 200 et 400 000 ouvrages ont brûlé dans l'incendie de la bibliothèque d'Alexandrie et que la vérité y était peut-être décrite...

La Grande Pyramide de Khéops est composée de 2,3 à 2,6 millions de blocs de calcaires.

Ramené aux durées de construction généralement acceptées, en leur laissant toutes les latitudes nécessaires, il aurait fallu poser un bloc toutes les deux à huit minutes. Ce timing comprend l'extraction, le transport, la taille et la pose. Que l'on soit ingénieur, égyptologue ou simple profane, il n'est pas pensable de considérer que cela puisse être possible. En tout cas pas en se référant aux croyances méthodologiques actuelles.

Un humain au pied de la pyramide pour donner l'échelle. Si si, regardez bien !

D'ailleurs, comment peut-on affirmer quoi que ce soit alors que la méthode de construction reste inconnue. Seule la méthode de construction permettrait une estimation de la durée de construction proche de la réalité. Pas de méthode, pas d'estimation. Ceux qui s'accrochent à ce dogme sont malhonnêtes, menteurs ou les deux.

Il y a quelques années je m'étais entretenu avec une ancienne égyptologue qui avait depuis quitté la profession[87]. Son départ avait été incité par l'impossibilité de faire avancer quoi que ce soit dans cette mafia intellectuelle. Initialement conventionnelle, son approche est devenue alternative par la force des choses. Son attirance pour la vérité était noble. Malheureusement, la vérité n'a aucune importance dans un milieu qui répond aux critères des vases clos. Égocentrisme et carriérisme sont les deux chevaux qui arrivent encore à tirer cette discipline agonisante. C'est seulement à l'issue de nos échanges, qui avaient duré des semaines entières, que je compris enfin ce que tout le monde doit comprendre. L'égyptologie n'est pas un domaine qui cherche à faire avancer le monde. C'est un domaine qui ne cherche qu'à faire avancer son monde, les carrières de chacun. La moindre vertu honnête ou novatrice n'a pas de place dans cet amas de bassesses qui ressemble à s'y méprendre au monde médiatico-politique. Le bien du peuple n'existe pas. Il est sacrifié au profit des copinages d'un jour, des trahisons d'un autre.

Cette charmante égyptologue avait pour envie d'organiser des fouilles sur des terrains peu exploités en espérant y trouver de nouveaux indices menant à nos origines civilisationnelles. Elle n'avait que faire de trouver

---

[87] www.revelations-of-the-ancient-world.com/fr/categorie/blog-2/

plus de vases et poteries qui ne servent à rien. Tristement, c'est un mur face auquel elle s'est retrouvée. Un mur sur lequel était peint en gros « Ne pose pas de questions ».

Aux abords de la Pyramide de Mykérinos...la plus « petite ».

Pas de questions pour essayer de comprendre comment ces millions de blocs ont pu être transportés à des hauteurs d'un immeuble de quarante étages. Ces millions de blocs pèsent chacun entre une et soixante-dix tonnes, pour un poids cumulé avoisinant les six millions de tonnes, soit cent vingt fois le Titanic ou dix mille cinq cents Airbus A380. Le tout aligné selon les points cardinaux avec une erreur de seulement trois minutes et six secondes[88].

Avant de se poser la question de l'assemblage, il est bon de se demander d'où provenait la matière première. À vrai dire, de pas très loin. De Gizeh même. Nous en avons la preuve lorsque l'on s'aventure autour de la Pyramide de Khephren, sur son côté Ouest pour être précis. En arrivant par le Nord, nous marchons sur un talus qui n'est autre que le sommet de la colline dans laquelle des blocs ont été extraits. Ils ont été extraits et utilisés pour cette pyramide médiane. Objectivement, difficile de savoir si les blocs ont servi également pour les autres pyramides (oui, car maintenant c'est officiel, nous oublions les dates généralement

---

[88] *Lost Ancient Technology*, Brien Foerster

considérées et réfléchirons pragmatiquement). Le travail d'extraction est phénoménal et visible. On peut se promener directement sur des restes de blocs extraits dont les marques et empreintes sont présentes sur le sol. D'ailleurs, les premiers niveaux de cette pyramide montrent clairement que sa construction n'a pas commencé avec de l'assemblage mais bien en utilisant la base de calcaire de la colline. Pourquoi faire compliqué quand on peut faire simple ? Si la nature nous offre une base solide pour entamer les travaux, bien mal inspiré serait celui qui s'en priverait. Les bâtisseurs, eux, ne s'en sont pas privés.

Pyramide de Khephren, vue depuis le Nord de la Pyramide de Khéops

Jan Niedbala

Deux voyageurs debout sur le premier niveau de la Pyramide de Khephren. Ici pas de blocs assemblés, mais le calcaire de la colline utilisée comme base structurelle.

Colline creusée avant d'y installer la pyramide. Le chameau donne l'échelle...

Sur la paroi de cette carrière, d'étranges traces, rectilignes et diagonales, qui font penser aux dents des godets de pelleteuse. Si ces traces ne laissent pas forcément présager d'utilisation de machines, la dimension des outils alors employés était gigantesque, au point que je veuille mesurer et estimer tout cela moi-même. Après avoir constaté ces traces de visu en décembre 2015 et septembre 2016, il fallait passer à l'action, mesurer, confirmer, étudier de près, chose que je comptais faire en janvier 2017. Il s'agit ici d'un lieu majeur de compréhension des techniques utilisées ou tout du moins de rectification de ce que l'on nous en dit. Paré pour l'aventure et la vérification, mon entrain fut ratiboisé sec en découvrant tristement que cette face Ouest est…désormais interdite au public. Il est inutile de crier au loup, mais il y a une continuité dans les interdictions qui commencent à titiller nerveusement le couvercle de la vérité que nous tentons de soulever. Sous prétexte de changement de société de surveillance du site, un énième lieu critique devient interdit au public. Nous laisserons chacun tirer ses propres conclusions.

Un autre type de calcaire fut utilisé pour couvrir les pyramides. Il ne provient pas de Gizeh, mais de Tourah, une carrière au Sud-Est du Caire, de l'autre côté du Nil. Pour recouvrir la Pyramide de Khéops, 144 000 blocs aurait été nécessaires ! Aujourd'hui, il reste quelques blocs encore en place sur les bases de Khéops et surtout au sommet de Khephren. Grâce à leur aspect blanc et brillant, ces blocs étaient utilisés pour les parements de pyramides afin de leur donner un éclat sans égal lorsque le soleil frappait dessus (pas tous les jours étant donné qu'il pleuvait souvent à la probable réelle époque de construction de tout le bazar)[89]

---

[89] *Cf Chapitre 12, Le Grand Sphinx*

Jan Niedbala

Khephren et son sommet encore intact, de loin

En gros plan

En très gros plan

Base du parement de la Pyramide de Khéops

La présence des blocs d'origines sur ces deux pyramides est une réelle chance. Ils ont permis d'en déterminer les dimensions exactes.

La Pyramide de Kheops : 230,4m de côté x 146,5m de hauteur

La Pyramide de Khephren : 215,28m de côté x 136,4m de hauteur

Concernant la Grande Pyramide tout a été dit ou presque. Parmi ce corpus intarissable d'idées et d'hypothèses, les seules que l'on ne peut pas contrer par des théories opposées sont celles chiffrées.

Nous avons vu auparavant que les égyptiens semblaient connaître le mètre.[90]

Les curiosités mathématiques révélées par la Grande Pyramide sont si nombreuses que la « coïncidence » avancée par les officiels ne tient aucunement. Chacun est capable de vérifier ces calculs chez soi. Une bonne occasion de revoir nos compétences au jonglage chiffré. Il aurait été bien trop cavalier de tenter de couvrir le sujet ambitieux des occurrences et approches mathématiques de Khéops, voilà pourquoi nous serions plus inspirés de nous plonger dans les remarquables travaux de Georges Vermard.[91]

Lorsque les distances sont calculées dans ces rapports, elles le sont sur une base métrique, sauf précision spécifique quand elles font état de coudées. D'ailleurs la coudée, combien mesure-t-elle vraiment ?

Référence du système de mesures égyptien, on l'appelle aussi « coudée royale » ou « grande coudée » et aurait mesuré entre 52 et 54 centimètres. Assez vague pour un instrument de mesure, mais si l'on en croit les calculs d'Isaac Newton, sa valeur précise serait de 52,4cm[92]. A y regarder de plus près, la coudée apparaît plutôt comme une mesure dont la valeur est déterminée par...le mètre et Pi ! Ce qui confirmerait la connaissance et maîtrise du système métrique par les bâtisseurs.

---

[90] *Cf Chapitre 1, Dahchour*
[91] *Orion I : la Tradition Primordiale, Orion II : La Connaissance Perdue* et *Orion III : le Principe Créateur* (www.omnia-veritas.com)
[92] *Traité de métrologie ancienne et moderne*, Saigey, 1834

Effectivement, en prenant un cercle de diamètre de valeur 1, son périmètre donne 1 x Pi = 3,141592…Lorsque l'on divise 3,141592 par 6, nous obtenons 52,36cm…La découverte de cette corrélation pour le moins surprenante confirmation les travaux de Newton fut rendue publique pour la première fois par Charles Funck-Hellet en 1952[93].

Poussons le bouchon un peu plus loin. Retirons maintenant la valeur de la coudée (en mètre) à la valeur de Pi, soit 3,1415-0,5236 = 2,618, soit Phi, le nombre d'or, au carré.

Certains voient dans ce calcul une confirmation de l'omniscience antique. C'est possible. Notre prudence y voit plutôt un message cosmique nous confirmant que l'univers tout entier est divinement régi par ces deux constantes. Si un rapport est démontré entre Pi et un nombre rationnel, tout porte à croire que Phi puisse aussi être isolé en réutilisant Pi et le même nombre.

Cela n'enlève rien à la découverte de Charles Funck-Hellet dont la clairvoyance nous indique la voie à suivre pour embrasser les mathématiques divines présentes dans les mesures de la Grande Pyramide de Kheops. À ce titre, lorsque l'on se penche sur les dimensions de la Pyramide, on y retrouve un florilège des constatations et rapports chiffrés. Les plus enfiévrés d'entre vous pourrons jouer dans tous les sens avec les longueurs, les hauteurs, les apothèmes, les circonférences, les périmètres et verrez qu'ici cela ne peut pas être le fruit du hasard. Si une réalisation artificielle comporte de très nombreux rapports entre les constantes universelles et ses dimensions, il est évident qu'il s'agit d'une intention claire de la part des bâtisseurs.

Une fois encore, nous abordons ce sujet avec simplicité et réalisme, pourtant la supposition que le mètre, Phi et Pi aient été connus par les bâtisseurs relève du blasphème. Il est absolument inconcevable que cela ait pu être le cas, et ceux qui s'aventurent à arpenter ce sujet caressent un concept dangereusement sensible.

---

[93] *La Coudée royale égyptienne*, essa de métrologie, Revue du Caire, février mars 1952

En 1977, Peter Lemesurier écrit « Bien téméraire celui qui, même aujourd'hui, tenterait de trouver un bâtiment mieux aligné sur les points cardinaux, avec une maçonnerie plus précisément jointe, ou des blocs de pierres assemblés avec plus de facilité. Les sceptiques pourront douter, mais il n'en reste pas moins vrai que les joints de pierres ne dépassent guère le demi-millimètre. Ils pourront se moquer du ciment hautement raffiné placé entre les blocs afin de créer l'illusion d'unicité de zones hétérogènes de plusieurs mètres carrés. Ils ricaneront lorsqu'ils entendront que les parements étaient si magiquement imbriqués que leur aspect rivalisait avec la précision optique moderne. Pourtant, ce ne sont là que des faits que toute âme désireuse peut vérifier. »[94]

Continuons sur cette histoire de parement. Dans un souci de compréhension globale de nos ancêtres, nous ne saurions tomber dans les travers des scientifiques officiels modernes. Les égyptologues ne se soucient pas de l'Amérique andine. Les spécialistes des temples asiatiques comme Angkor Wat ne s'intéressent pas à Cusco au Pérou ou Puma Punku en Bolivie, et ainsi de suite. Erreur tragique. L'interconnexion de ces sites est désormais quasiment acquise[95]. Les similitudes aux caractéristiques mystérieuses d'à travers le monde constituent une preuve incontournable que la connaissance fut, un temps, partagée à l'échelle mondiale. Le plateau de Gizeh nous en offre une évidence étincelante.

La Grande Pyramide était recouverte d'un parement intégralement en calcaire blanc de Tourah.

De même pour les deux tiers supérieurs de celui de la Pyramide Médiane de Khephren complétés par un tiers inférieur en granite rose. La Pyramide de Mykérinos elle aussi était couverte de calcaire blanc, à l'exception des seize premiers niveaux de parement qui eux étaient en granite. Contrairement à la Pyramide Médiane qui a son parement de granite éparpillé autour de sa base (vous savez, dont un côté est maintenant inaccessible), celle de Menkaure (du nom égyptien de Mykérinos) expose fièrement des restes de granite.

---

[94] *The Great Pyramid Decoded*
[95] *L'Empreinte des Dieux,* Graham Hancock

Observation détaillée des restes de parement au bas de Khephren. Vous remarquerez l'extraordinaire échelle du bloc de calcaire apparent en haut de l'image.

Mykérinos et son granit, ci-dessous à l'échelle

Les voyageurs se rendant sur place sont d'abord frappés les excroissances, les boules qui dépassent anarchiquement de la surface de blocs qui semblent avoir été malaxés comme de la pâte à modeler. Et les voyageurs qui se sont déjà rendus au Pérou avant de me rejoindre en Égypte de dire aux autres « Ah oui, c'est la même chose qu'à Cusco ». Une telle similitude ne peut être fortuite.

Mur à Cusco, Pérou. Granite bosselé avec les boules/poignées.

Cette photo démontre que ceux qui ont construits Gizeh et Sacsayhuaman étaient les mêmes, utilisant les mêmes techniques. Civilisation globale, vous avez dit ?

Ces boules/poignées, *knobs* en anglais, restent un mystère auquel bien sûr l'égyptologie a une réponse : il s'agit d'aides au transport/levage. Ce que l'on voit ne coïncide aucunement avec la réalité. Certes il est possible d'imaginer cela sur quelques petits blocs comportant des poignées visibles. Il n'est cependant pas concevable de supposer la même chose pour des blocs immenses avec des poignées minuscules. Nous aurions peine à croire que cela puisse marcher. Si ces poignées avaient réellement servi au levage des blocs, pourquoi n'étaient-elles pas plus évidentes, plus grosses, peut-être plus carrées ou rectangles, moins arrondies, permettant un meilleur accrochage ?

D'ailleurs, les officiels qui maintiennent cette version n'ont jamais été capables de démontrer par l'exemple le système employé qui aurait utilisé ces *knobs* aidant au levage.

Pour les blocs qui ne présentent aucune trace, l'on nous dira que les poignées ont depuis été rasées et que celles encore visibles sont restées en raison des artisans qui n'avaient pas eu le temps de tout effacer dans les temps. Mais…je croyais qu'ils bénéficiaient tous d'autant de temps qu'ils voulaient pour frotter le granite et tirer des cailloux pendant des années ? Eux, ces pauvres égyptiens primitifs dont le seul mérite aura été d'avoir fait preuve d'assez d'abnégation pour surmonter leurs capacités techniques limitées et ériger ce que nous serions encore incapables de reproduire. Ces lignes sont peut-être rédigées un jour d'humeur tumultueuse, je vous prie donc de pardonner mon cri du cœur, mais il faudra vraiment qu'un jour on arrête de nous prendre pour des benêts. Cela dit, plus c'est gros, plus ça passe, donc pourquoi arrêterait-on de nous servir cette infâme soupe mensongère ?

À mon grand regret, aucune explication, même fumeuse, n'est avancée concernant l'étrange similitude des poignées à travers le monde. Comprenons qu'il n'y a qu'un seul type de réalisation qui présente ces poignées : les mégalithes granitiques inexpliqués.

Ollantaytambo, Pérou

Jan Niedbala

Yangshan, Chine

Mont Shoria, Russie

Le Guide Secret de l'Égypte Ancienne

On ne peut décemment dire de quoi il s'agit exactement. À mes yeux, il n'est pas question de trouver une utilité à ces poignées. Selon moi, elles ne sont que la manifestation physique des techniques intrinsèques à l'extraction des blocs. Souvenez-vous des formes étranges et omniprésentes dans la carrière d'Assouan[96]. Elles correspondent de très près à ce que l'on constate ici. Les formes moulées et arrondies d'Assouan sont directement liées à l'extraction. Ne serait-il pas plus logique d'attribuer la même origine aux formes du parement de Menkaure plutôt que d'inventer des sornettes qui ne contentent que ceux de qui elles sont issues ?

Ah tiens ! En parlant de sornettes, j'en ai une autre. Qu'est ce qui d'après vous possède huit faces qu'on ne peut déceler qu'aux équinoxes ? Bingo ! La Pyramide de Khéops.

À l'issue de la campagne d'Égypte de Napoléon qui s'étala de 1798 à 1801, un imposant ouvrage fut publié afin de compiler toutes les données tirées des fouilles, « *Description de l'Égypte, ou Recueil des observations et des recherches qui ont été faites en Égypte pendant l'expédition de l'Armée française* ».

C'est dans le huitième volume de cet ouvrage, qui en comptait originalement vingt-trois, que l'on peut lire la première observation des quatre faces de la Pyramide de Kheops comme étant concaves. En réalité la pyramide possède huit faces. Ce n'est qu'en 1940 que cela est confirmé par un pilote de la British Air Force. Survolant les pyramides lors de l'équinoxe de printemps il remarque un jeu de lumières tout à fait unique. Les clichés aériens permettent de mettre en évidence cette curiosité.

---

[96] *Cf Chapitre 4, L'Obélisque Inachevé*

Jan Niedbala

Pour les égyptologues, il n'y a rien à voir de particulier. Les faces concaves ne seraient que des affaissements de la structure générale de la pyramide en raison de son âge qui la rend vulnérable. Pis encore, certains diront que la pyramide elle-même, n'était pas suffisamment bien conçue, d'où l'apparition de ce superbe défaut. Il est impensable qu'un tel édifice s'affaisse ainsi, de la même manière sur les quatre faces, sans créer de réels dégâts. À l'intérieur, rien n'a bougé. La posture académique elle non plus ne bouge pas, et refuse de considérer que cela puisse être un trait architectural d'origine et voulu. Rien de loufoque. Sauf qu'admettre que cela puisse être d'origine équivaudrait à avouer que les compétences architecturales des anciens étaient encore plus importantes qu'on ne le pense. À ce stade de l'étude des terres d'Osiris, avouons que nous ne sommes plus à ça près.

Selon toutes vraisemblances l'explication la plus logique est qu'effectivement nous sommes face à un aspect voulu de la pyramide. La concavité aurait permis aux blocs de parement de mieux tenir ensemble[97]. Rien d'excentrique. Les officiels pourraient aisément se conformer à cette logique. Pourquoi ne le font-ils pas ?

Pour une fois que les alternatifs n'abordent pas des sujets (trop) épineux, les égyptologues devraient en profiter. Ce qui demeure certain c'est qu'ils n'accepteront jamais de reconnaître les observations qui vont suivre. Elles pourraient être des évidences de l'utilisation de machines, ou tout du moins d'outillages guidés par une énergie, une puissance et une précision autres que celles de l'homme.

Pour ce qui suit, les explications ne seront que de peu d'utilité. Il n'y a qu'une chose à garder en tête : les tailles, coupes et marques que vous allez voir ont été réalisées dans du basalte. S'il est concevable de l'avoir percé circulairement en utilisant des tubes de cuivre et les techniques que nous avons déjà explicitées[98], pour ce qui est de la taille pure, nette, les outils reconnus, cuivre et bronze, n'auraient pu permettre d'obtenir ce que vous allez voir ci-dessous. Il n'y a pas d'explication qui permette

---

[97] *The Pyramids*, Miroslav Verner, 2001
[98] *Cf Chapitre 3, Abousir & Abou Ghorab*

d'affirmer clairement d'où ses traces peuvent provenir, ni comment elles ont pu être réalisées. À chacun de juger sur pièce.

La série de photos qui suit provient exclusivement du dallage basaltique présent au pied de la face Est de la Pyramide de Khéops.

Le Guide Secret de l'Égypte Ancienne

Les détracteurs clament que nous sommes face à des traces d'outils modernes utilisés par des « chasseurs de trésors » pendant les années 1960. Pourquoi pas. Il faut néanmoins remettre en cause l'approche de ces supposés chasseurs de trésors. Seuls ceux qui se sont rendus sur place ricaneront en entendant que des aventuriers pensaient trouver des trésors dans un lieu si banal qui ne consiste qu'en un dallage de mille mètres carrés. La chasse au trésor est invalide.

Ces traces d'outillages ne sont pas sans attirer l'attention de professionnels comme Jean-Paul Radigois, ingénieur et architecte. Il nous dit ceci :

« Dans les années 80, j'ai réalisé une usine de concassage sur les bords du fleuve Congo. Cette usine aurait pu mettre au chômage les centaines de casseurs de pierres qui, sur le bord de la route, vendaient leurs agrégats qu'ils avaient débités manuellement suivant diverses granulométries. En fin de compte, les deux productions, manuelles et industrielles, coexistaient car l'usine fournissait les gros chantiers routiers et de construction, alors que les petites entreprises continuaient à s'approvisionner auprès des débiteurs manuels. Dans mon usine, les foreuses et wagon-drill perforaient en ligne pour établir des fronts de taille, d'énormes scies taillaient les blocs et les dalles. Les traces de forage et de sciage étaient absolument identiques aux traces montrées par Jan Niedbala sur les granites, basaltes et diorites... ! »

Après avoir vu tout le plateau de Gizeh, nous sommes donc rendus sur la face Est et ses traces d'outils inconnus, qui va conclure notre périple. Devant nous se dresse la tant convoitée, crainte, adorée, détestée pour certains : La Grande Pyramide de Khéops ! Commençons par le commencement. L'entrée, ou les entrées pour être exact.

Aujourd'hui l'entrée se fait par le couloir creusé à coups de bélier par les forces du Calife al-Ma'mun en l'an 820 de notre ère. Anarchiquement, le couloir mène au bas du passage ascendant. Nous y reviendrons. L'entrée d'origine se situe un peu plus en hauteur. Nous sommes alors à dix-sept mètres au-dessus du niveau du sol. Première interrogation à soulever : pourquoi les forçats du calife se sont-ils aventurés à perforer la façade à un endroit visiblement approximatif alors que quelques mètres plus haut ils avaient accès à une vraie entrée déjà visible. La logique aurait voulu que quitte à risquer l'aventure de pénétrer dans la pyramide autant partir d'un endroit qui semble déjà avoir été utilisé pour cela, non ?

Entrée d'origine

Entrée actuelle

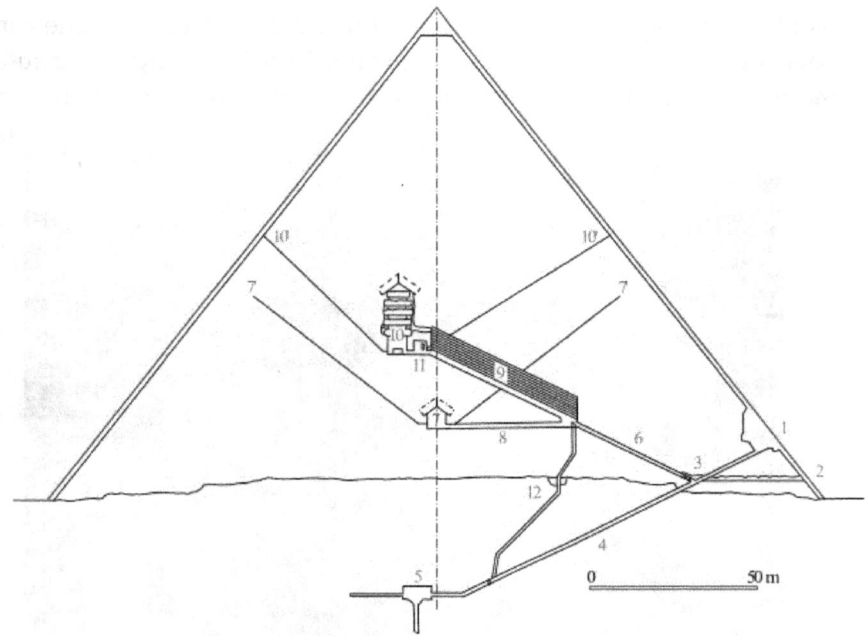

Plan de l'intérieur de la pyramide par Franck Monnier

1) Entrée d'origine
2) Entrée actuelle
3) Croisement des passages ascendant et descendant
4) Passage descendant
5) Chambre souterraine
6) Passage ascendant
7) Chambre médiane/de la Reine
8) Passage horizontal
9) Grande galerie
10) Chambre du roi
11) Antichambre

De cette entrée originelle part le couloir descendant qui mène directement à la chambre souterraine.

1,19m de haut sur 1,05m de large, il perce la pyramide puis la roche sur une distance rectiligne de 105 mètres. D'abord trente-trois mètres dans le corps de la pyramide avant passer sous le niveau du sol pour continuer soixante-douze mètres dans le substrat rocheux jusqu'à la chambre souterraine. Un exploit certain pour ce qui est censé être une erreur. Oui ! La version officielle dit que la chambre souterraine était le lieu de sépulture initialement choisi par le pharaon avant qu'il ne change d'avis pour l'emplacement actuel de la « chambre du roi ». Ah… vous non plus vous n'êtes guère convaincus ?

Quelques mètres avant de passer sous terre le couloir descendant croise la route du couloir ascendant. Plus court, 39,29m, il mesure 1,2m de haut pour 97 centimètres de large[99]. Il aboutit sur la Grande Galerie et c'est par là que les anciens ont amené le sarcophage du roi présent plus haut dans la « Chambre du roi ». Ah mais non, suis-je bête ! Il n'a jamais été question de sarcophage étant donné qu'aucun corps n'a été retrouvé nulle part et que, roulement de tambour, le sarcophage mesure 98 centimètres de large[100] [101] soit un de plus que le couloir. Même avec ses meilleurs potes et l'entrain insouciant d'un déménagement étudiant, ça ne passe pas. Donc l'hypothèse du sarcophage par le passage ascendant, poubelle. La seule possibilité est une méthode de construction qui aurait permis de placer le « sarcophage » dans la pièce en question, avant de « fermer » la pièce.

La Grande Galerie présente une similitude troublante avec l'intérieur de la Pyramide Rouge de Dahchour. Aussi troublante que formidable, la Grande Galerie de la Pyramide de Khéops est une démonstration de maîtrise technique. Nous avons sous les yeux la plus longue voûte en encorbellement au monde. À quelques détails près, sa conception se rapproche en tous points des trois chambres de la Pyramide Rouge[102]. La seule différence est que dans Khéops le rétrécissement des assises (sept au total) ne se poursuit pas jusqu'au sommet et laisse un espace d'1,04m de large au sommet. À Dahchour, l'encorbellement continue jusqu'à ce que les assises se rejoignent et se touchent. La pente de cette galerie longue de quarante-sept mètres est de vingt-six degrés. Aujourd'hui un escalier en bois et des rampes permettent de la remonter intégralement. Lorsque l'œuvre fut achevée, une telle inclinaison, avec son calcaire poli, n'aurait pu permettre de remonter la Grande Galerie sans devoir

---

[99] www.gizapyramid.com/
[100] www.khufu.dk/
[101] www.gizapyramid.com/
[102] *Cf Chapitre 1, Dahchour*

crapahuter pour éviter la glissade. Une drôle de complexification. Et que dire de cette similitude flagrante avec le design des chambres de Dahchour ? Ne serait-il pas plus intuitif de songer à une utilité technique récurrente de ces encorbellements plutôt qu'un aspect décoratif pour rendre hommage au défunt pharaon ?

La Grande Galerie

Avant d'arpenter l'étroit escalier où se croisent voyageurs ascendants et descendants, les plus attentifs apercevront une grille. Cette dernière empêche l'accès à la Chambre de la Reine qui n'est accessible que dans le cadre de visites privées de la pyramide.

Environ cinquante mètres plus haut, nous passons par l'antichambre avant d'arriver enfin dans la Chambre du Roi, ou tout du moins la pièce que l'on appelle ainsi. Dans cette pièce il n'y a rien. Rien, à part un « sarcophage » dans lequel Khéops aurait été placé avant qu'il ne rejoigne le royaume des cieux. Nous en revenons toujours à la même conclusion : lorsque l'on apprécie la beauté des sépultures de Louxor qui décrivent avec minutie les moindres aspects de la vie pharaonique, et dans lesquelles nous avons retrouvé des momies, il apparaît comme une évidence que les pyramides dans lesquelles nous n'avons jamais retrouvé de corps, n'ont rien à voir avec la célébration de la mort. L'écart de près de mille ans souvent invoqué pour justifier la progressive et supposée modification des rites cérémoniaux entre Gizeh et Louxor n'est soutenue par aucun fait tangible.

Structurellement, nous retrouvons ici la même arrivée que dans la Pyramide Rouge. Le bloc le plus imposant de la pièce se situe précisément en dessus de l'accès réduit en permettant l'accès. Khéops et la Rouge présentent donc des similitudes relativement contradictoires si nous les intégrons à la pensée dogmatique du lieu de sépulture.

	Pyramide de Khéops	Pyramide Rouge de Dahchour
Lieu de sépulture	Pièce carrée.	Pièce avec voûte en encorbellement.
Présence de « sarcophage »	Oui	Non. Trois pièces. Zéro sarcophage.
Encorbellement	Hors du lieu de sépulture	Dans les trois chambres

L'incohérence su vante concerne les nombreuses fissures présentes sur le plafond et parois de la pièce. Les fissures viendraient du terrible tremblement de terre courant XIIème siècle qui aurait ébranlé toute la pyramide. Si tel fut le cas, cela serait de notoriété publique. Malheureusement, Flinders Petrie qui a passé des années sur place ne semble pas en avoir entendu parler. Officiellement, il ne parle que d'une énorme source d'énergie ayant altéré l'intérieur de la chambre du roi[103]. Parallèlement, Petrie s'est amusé à mesurer la précision avec laquelle le couloir descendant a été réalisé. L'écart d'alignement des murs est de cinq millimètres sur cent cinq mètres[104]. Comment un tremblement de terre aurait-il pu désintégrer le parement de la pyramide, fissurer les blocs de granite de la chambre du roi, sans faire bouger la structure interne de l'édifice ? Les fissures seraient-elles dues à autre chose qui pourrait être également à l'origine de l'aspect explosé du sarcophage ?

Dans les petites rues de Gizeh bercées par le trot des chevaux et la démarche chaloupée des chameaux, les artisans sont nombreux. Certains revendent de la camelote chinoise. D'autres, plus talentueux, produisent de leurs mains des objets qui nous parlent lorsque nous les touchons.

---

[103] *The Pyramids And Temples Of Gizeh, 1883*
[104] *The Pyramids And Temples Of Gizeh, 1883*

Parmi eux, Haroun Awyan. Les pierres, il les connaît depuis sa tendre enfance. Il fait ce qu'il veut avec le granite, le basalte, l'albâtre, le calcaire, ou le grès. Il sait aussi comment ces roches pourraient connaître une fortune autre que l'immobilisme contraint de nos étagères, et il le démontre.

Lorsqu'il est disponible dans son petit coin d'artisan, j'emmène habituellement mes groupes pour leur faire vivre la drôle d'expérience que voici. Grâce à un appareil électrique il provoque la création d'un champ électromagnétique de faible ampleur. Ensuite, il place un des voyageurs pieds nus sur l'appareil et l'assoit sur une chaise en bois. Puis tour à tour il va donner à la personne différentes statues, chacune dans une roche différente : granite, basalte, calcaire et albâtre, qui sont les quatre roches que l'on retrouve le plus dans les pyramides. À chaque fois, il s'approche avec une tige métallique. Pour le granite et l'albâtre, pas de réaction. Changement notable pour le basalte, et surtout le calcaire. À mesure que la tige métallique approche des statuettes, un crépitement se fait ressentir jusqu'à ce qu'une étincelle apparaisse et s'agrandisse avant de relier la baguette et la statuette. Par là, notre sculpteur démontre que le calcaire qui constitue les pyramides est conducteur, et que le granite semble posséder des propriétés isolantes.

Et si la Pyramide de Khéops était génératrice d'énergie en utilisant le champ électromagnétique de la Terre ? Si nous transposions notre petite expérience artisanale aux dimensions et proportions de la Grande Pyramide, serait-elle capable d'absorber le courant électromagnétique de la planète pour transmettre l'énergie disponible naturellement grâce au conducteur qu'est le calcaire ? Nous nous rapprocherions alors de l'impression dont je vous ai fait part dans le premier chapitre en disant que la Pyramide Rouge m'a toujours semblée être une réalisation auto-suffisante. Cela expliquerait aussi les structures internes des pyramides conçues avec une inutile complexité, même pour un pharaon que l'on honore du mieux possible.

Cette hypothèse de convergence et utilisation des énergies fournies naturellement par la Terre, Christopher Dunn en a fait son cheval de bataille dans *The Giza Power Plant*, ouvrage où sa démonstration court au galop vers les réponses qui nous manquent à toutes et tous. Pour résumer ce qu'il développe sur près de deux cents cinquante pages, la Grande Pyramide aurait pu être capable de recevoir, isoler, et amplifier vibrations, fréquences et résonances issues des pulsations naturelles de notre planète. Le résultat : l'énergie libre, infinie et gratuite, pour tous. En son temps, à la fin du XIXème siècle, Nikola Tesla, un des plus grands génies de tous les temps, avait sans doute retrouvé les préceptes antiques avant de se lancer dans les différents projets électriques révolutionnaires qu'on lui connaît. En libérant et mettant à disposition de toutes et tous l'énergie électrique sans fil et infinie, ses travaux auraient pu permettre au monde entier de ne plus jamais se soucier des sources d'énergies fossiles. [105] [106]

Tesla est l'Inventeur du monde électrique tel qu'on le connaît aujourd'hui, malheureusement, le capitalisme et la cupidité des hommes auront eu raison de la publication de ses trouvailles au détriment du bien de l'humanité toute entière. À l'inverse, l'on nous enseigne depuis près d'un siècle le « génie » de Thomas Edison, qui n'a fait que vulgariser et forcer la diffusion de l'idée que l'énergie électrique est une source limitée qui doit par conséquent se monnayer. Un dernier triste clin d'œil qui nous assomme un peu plus de cette insupportable question « Peut-on faire confiance à ceux qui écrivent 'Histoire ? »

---

[105] *The New York Journal*, Sunday, 8 Aout 1897 "Tesla étincelle le monde entier"
[106] *New York American*, 22 Mai 1904 "La Tour de Tesla - Un Monde sans fil"

Jan Niedbala

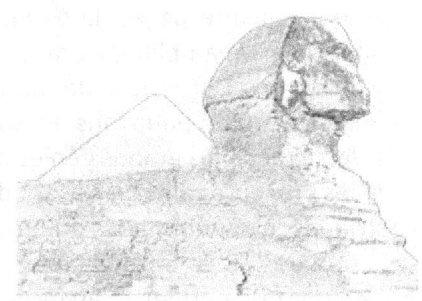

CONCLUSION

S i la bibliothèque d'Alexandrie n'avait pas brûlé, la masse d'ouvrages qui y étaient entreposés, estimée entre 400 000 et 700 000 volumes, aurait peut-être fourni toutes les réponses aux questions que nous nous sommes posées au gré de ces treize sites d'exception.

Je n'ai pas vocation à vous convaincre de quoi que ce soit. J'espère simplement que ce passage en revue aura su faire vibrer la corde sensible qui sommeille en vous.

J'avoue sans retenue qu'il y a eu certaines fois un côté exaspérant à compiler tant de données et faits académiques. Mon vœu le plus cher n'est pas que le monde entier se sente soudainement investi d'une mission alternative de quête de vérité. Non. Je désire simplement que la doxa égyptologue permette qu'on la révise de manière objective et pragmatique, en caressant le doux espoir qu'elle susurre enfin du bout des lèvres qu'aujourd'hui personne n'est capable de dire de manière certaine qui étaient les égyptiens, ni quand et comment ils ont régné.

Se confronter sans cesse aux non-sens et la mauvaise foi est extrêmement pernicieux. À chaque page tournée, un brin de tension supplémentaire vient s'ajouter sur le précédent. Mais invoquer la mauvaise foi de l'*establishment* comme seule source de notre énervement serait un terrible aveu de faiblesse. Dieu merci, il n'en est rien. Ce qui pousse notre zénitude dans ses retranchements c'est l'aplomb insolent avec lequel tout nous est généralement présenté comme des certitudes qu'il serait indigne de contester. Comme si l'ouverture au débat était déjà un blasphème. Quoi qu'en disent d'aucuns, si les académiques demeurent les seuls opposés au partage collaboratif des avis et connaissances, c'est bien que le problème aurait tendance à venir de chez eux plutôt qu'ailleurs. Cette ineffable propension qu'ont les guides et chercheurs officiels à rabaisser et ridiculiser tout sursaut intellectuel révèle la pathologie sévère dont souffre ce milieu.

Lorsque l'on se confronte au monde égyptologique, nous nageons en pleine ingénierie sociale. Qu'il s'agisse des bien-pensants qui gouvernent la pyramide sociale de la discipline, ou Monsieur et Madame Toutlemonde, les yeux se lèvent au ciel d'une manière très pavlovienne. Dans un cas l'action est délibérée, dans l'autre elle est conditionnée par les premiers. C'est là toute la beauté de l'ingénierie sociale. En alliant matraquage incessant et art consommé de la mise en scène, l'*establishment* a réussi depuis deux cents ans à faire croire que tout sur l'Égypte Ancienne est su. D'abord par incapacité à concevoir d'autres hypothèses, puis par pure désinformation s'entêtant à rabâcher la même histoire afin d'éviter la mise en abyme égyptologique. Le résultat escompté, rendre invalide tout discours alternatif, est là. Imaginez simplement la réaction mondaine à la mention de ce qui clôture le dernier chapitre. La Pyramide de Khéops pourrait être une méta-machine utilisant les énergies produites par la Terre. « Et pourquoi pas les extraterrestres pendant que tu y es ! ». Même en démontrant par A+B que cela est physiquement possible (différent de prétendre qu'il s'agit d'une vérité), le logos égyptologique est tellement piratant que plus personne n'est capable d'imaginer d'alternatives crédibles. Nos cerveaux, les piratés, sont devenus incapables de toute réflexion et inaptes à l'analyse logique qui devrait donner à toutes et tous le même résultat : pourquoi nous faire croire des choses que personne n'est en mesure de prouver ? Pourtant, le système scolaire réussit à faire en sorte que nous nous efforçons depuis le plus jeune âge à systématiquement démontrer, prouver, argumenter, sans quoi nos idées sont considérées comme vaines par les enseignants. Pourquoi n'applique-t-on pas ce même niveau d'exigence aux rédacteurs des dogmes historiques que l'on nous présente ? Les leçons d'histoire égyptienne ne sont ni démontrées, ni prouvées, ni argumentées. L'ambivalence du système dans toute sa splendeur.

L'Égypte Ancienne est un formidable moyen de déterminer les deux groupes de pensée populaire moderne. D'une part la masse ultra majoritaire, sujet moderne d'un système en bout de course.

D'autre part, la minorité. En phase d'éveil intellectuel, elle a soif de normalité, de liberté, d'égalité et de valeurs dans un monde qui dégénère. Elle avance, tendant la main à la masse en espérant une prise de conscience collective grandissante qui permettra des actions de masses salvatrices. Elle constitue par conséquent un réel risque pour ceux contre qui elle se dresse.

Dire à un égyptologue que les pyramides n'ont jamais été des tombeaux, c'est se mettre en porte à faux intellectuel. Révéler sa libre pensée, mettre des mots sur les doutes que l'on a vis à vis de supposées vérités assenées depuis toujours, aujourd'hui, c'est être un illuminé. Que dire alors de Jean Jacques Rousseau et son *Contrat Social*[107] ? Il est au programme du baccalauréat de français tout en répondant aux critères médiatiques qui feraient presque de lui une *persona non grata*. Deux poids, deux mesures comme d'hab ? Ça m'en a tout l'air !

Imaginez qu'aujourd'hui des voix s'élèvent pour dénoncer le système comme l'a fait Rousseau en son temps. Il nous disait « Il est certain que les peuples sont, à la longue, ce que le gouvernement les fait être. » ou encore « Le pouvoir légitime pour gouverner n'est pas directement fondé sur un titre divin ou sur un droit naturel à gouverner, mais doit être ratifié par le consentement des gouvernés. »

Il faudrait sans doute faire taire cette personne au plus vite afin d'endiguer une contagion populaire.

Tout est nuance de gris, mais l'on nous vend du noir et blanc à longueur de journée.

La manière dont nous traitons l'Égypte est similaire. Il n'y a qu'un auteur antique dont nous retenons les leçons, Hérodote. Parmi ses leçons,

---

[107] *Du Contrat Social ou Principes du droit politique*, ouvrage de philosophie politique écrit par Jean-Jacques Rousseau, publié en 1762

il y a ce qui correspond à notre vision, technologiquement et chronologiquement primitive : les esclaves par centaines de milliers. Ce que l'on se garde bien d'ébruiter sont les passages qui ramènent vers l'époque antédiluvienne.

« J'ai remarqué la présence de coquillages sur les collines ainsi que haut sur la surface gravée de l'édifice où ils étaient calcifiés... et que le sel exsudait du sol au point de causer des dégâts aux pyramides. »[108]

D'autres ont depuis abondé dans son sens, comme Frédéric Louis Norden, explorateur danois du XVIIIème siècle. « On trouve à Gizeh un grand nombre de coquillages et d'huîtres pétrifiées, ce qui est très surprenant, car jamais les crues du Nil ne montent au point de couvrir cette plaine ; d'ailleurs, même si cela se produisait ce ne pourrait en être la cause, puisque ce fleuve ne charrie pas, ni n'a jamais contenu de mollusques sur tout son cours. »[109]

Il ne fait plus aucun doute que notre suffisance esquive les éléments venant contredire le postulat de départ. Cette esquive renvoie au contrôle académique de ce qui doit être perçu comme vérité.

La forme de contrôle la plus subtile est celle donnant l'impression d'être libre alors que fondamentalement nous vivons sous l'égide d'un système manipulateur. Huxley détaille ce mécanisme avec brio dans son roman d'anticipation « Le Meilleur des Mondes », écrit en 1931. La dictature visible est celle des barreaux de la prison. La dictature invisible est celle du monde moderne, une cellule sans barreaux de laquelle on ne peut sortir en raison de l'hypnose dont nous souffrons tous. Le gouffre entre ce qui nous est dit et ce qui se passe réellement se creuse inexorablement au point qu'il devient si énorme que l'on préfère tourner la tête de peur de voir une vérité incommode.

Avant de me diriger vers l'exploration des beautés et mystères de notre monde, j'ai traîné mes naïves guêtres dans les secteurs bancaire, immobilier, celui des énergies fossiles pétrolières avant de connaître

---

[108] *Histoires,* Hérodote
[109] *Voyages en Égypte et Nubia,* publié via la Royal Society of Sciences de Copenhagen, *1755-1757*

quelques acteurs de l'ombre du monde diplomatique. J'ai cette chance désolée d'avoir été confronté à la réalité virtuelle créée par le monde qui nous entoure. Cette réalité virtuelle qui soulève une question clé : la vérité est-elle nécessairement vraie ?

Pour y répondre nous pouvons nous demander d'abord ce qu'est la vérité. La vérité est-elle ce qui est *considéré* comme étant vrai (perception influencée par ses pairs, sa culture, son histoire collective et personnelle passée et présente), ou est-ce la vérité factuelle démontrée et prouvée ? Lorsqu'on les confronte, les véracités factuelles ne l'emportent malheureusement jamais sur celles induites. Ces dernières agissent sur l'émotionnel et les convictions qui demeureront éternellement plus forts que la raison.

L'exemple qui illustre ce propos et que nous pouvons croiser avec les croyances égyptologues est la théorie de l'évolution, le darwinisme cher à la communauté scientifique toute entière. Nous, hommes modernes, sommes obligatoirement au sommet de la pyramide de l'évolution. C'est à travers cet unique prisme que notre passé est analysable. Toute autre hypothèse est impossible, alors que la théorie de l'évolution reste aujourd'hui encore à démontrer. Est-ce si absurde d'évoquer l'éventualité d'un passé civilisé et développé à des dates à cinq chiffres avant Jésus-Christ ? Ça l'est effectivement. Non pas que l'on soit en mesure de prouver que cela relève de l'impossible, mais bien parce que cela contredit le postulat de base.

Selon notre conception de l'Histoire, l'Homme n'a pu connaître qu'une évolution progressiste. Progrès médicaux, techniques et technologiques, d'hygiène, etc. Ces progrès sont incontestables à l'échelle de la courte ère qui débute avec les grecs. Mais si l'on étend les dates considérées à une échelle bien plus large, 100 000 ans par exemple. Qu'advient-il de notre conviction évolutive ? Il devient presque impossible d'en avoir une.

Impossible d'être sûr de quoi que ce soit en subissant l'affreuse contradiction de l'Histoire pharaonique. Pour en avoir le cœur net, il suffit d'enchaîner convictions, connaissances et points d'interrogations. Voyez plutôt :

- ➢ Nous sommes convaincus que les pyramides étaient des tombeaux pharaoniques
- ➢ Nous sommes incapables de le démontrer
- ➢ Nous avons connaissance de centaines de tombeaux avérés qui ne ressemblent aucunement aux pyramides
- ➢ Nous sommes incapables de savoir comment ont été construites les pyramides
- ➢ Nous savons comment ont été construits les tombeaux
- ➢ Nous ne pouvons admettre un lointain passé hautement civilisé
- ➢ Nous reconnaissons les pyramides comme étant plus anciennes que les temples
- ➢ Nous reconnaissons la supériorité du savoir le plus ancien
- ➢ Nous reconnaissons l'absence significative de traces évolutives ayant mené aux pyramides
- ➢ Nous reconnaissons les pyramides comme étant l'apogée technique des bâtisseurs
- ➢ Nous croyons au darwinisme et l'invoquons pour justifier notre présence au sommet de l'évolution

La conclusion est que darwinisme et égyptologie sont tout bonnement incompatibles !

Pour valider l'évolution ayant mené aux pyramides, le darwinisme obligerait d'innombrables découvertes archéologiques datant des centenaires et millénaires ayant précédé l'époque dynastique. Il n'y en a pas eu. Proposons plutôt aux scientistes de reconsidérer leur vision du monde et encourageons-les à enfin prendre position. Messieurs, vous devez comprendre que vous réclamer du darwinisme et en même temps admettre des dates de constructions des pyramides tel que vous le faites sont deux choses distinctes inconciliables, contradictoires, et discordantes.

Si vous pensez que l'idée est de remettre en cause de darwinisme, vous n'y êtes pas du tout. C'est justement l'inverse ! Le darwinisme supposé que nous prenons pour point de départ de toute réflexion évolutive ne peut *que* mener à une autre version de l'Histoire. Une Histoire évolutive, progressiste, mais surtout cyclique et beaucoup plus reculée dans le temps. C'est la seule solution pour que l'Homme soit un jour parti (intellectuellement) d'on ne sait où pour finalement arriver à l'état de grâce exprimé en Égypte. Si vous n'adhérez pas à ce concept c'est que vous remettez en cause le darwinisme ! Messieurs…vous n'oseriez tout de même pas cet affront, si ?

L'aspect cyclique, quel qu'en puissent être les causes, est inévitable car il est le seul à pouvoir expliquer la récurrence d'âges d'or. Effectivement, à bien des égards, nous pouvons considérer que nous en vivons un aujourd'hui-même (évidemment pas intellectuellement, ni philosophiquement ou spirituellement).

Pour comprendre l'aspect cyclique, il ne faut pas tenter de se replonger dans le monde d'il y a 5000, 10 000 ou 30 000 ans. Il suffit de se projeter dans un futur proche. Dans ce futur proche, l'Homme d'aujourd'hui vient de subir une extinction semblable à celle qui aurait pu toucher la civilisation de laquelle les pyramides sont issues. Pour les rescapés, la priorité est la survie. Le *reset* est détonnant. Les lumières de Time Square, les vidéos YouTube, les avions, les voitures, les lave-linges, les ascenseurs, le McDo, Netflix, les matchs de foot, tout ça c'est fini. À la place, on se soucie de trouver des quantités de nourriture suffisantes, se confectionner un toit et se sédentariser. L'Homme est KO debout face à un destin qui a si tragiquement basculé dans l'improbable. Il doit faire face.

La catastrophe a eu lieu il y a seulement vingt-cinq ans, une génération. Le monde d'avant est raconté aux jeunes qui ont du mal à se l'imaginer en voyant que la nature a déjà repris ses droits sur nos anciennes routes. De génération en génération, se transmet le douloureux souvenir du destin de notre brillante civilisation disparue. Au bout de cinq cents ans, nos constructions telles que les immeubles se sont effondrées. La Tour Eiffel n'existe plus. Après un demi millénaire, ce qui était le récit d'un monde disparu hier devient alors une nébuleuse où vérité et mythes se côtoient. Après plusieurs milliers d'années, la nouvelle civilisation a redéveloppé des capacités qui lui sont propres. L'Homme de l'An 2000, fier conquérant de l'espace, est un souvenir que l'on mentionne brièvement dans légendes et traditions ancestrales qui ne font pas réfléchir grand monde. Si lointaines et détachées de la réalité, les légendes sont décriées par les maîtres à penser de ce nouveau monde non moins intrigué par les réalisations qui jonchent encore la planète. Heureusement, les scientifiques de l'an 8500 ont développé une méthode permettant d'analyser l'âge des matières organiques retrouvées sur ces sites. Les résultats sont cohérents.

Pyramides de Gizeh : 2015 après Jésus-Christ

Mont Rushmore : 1970 après Jésus-Christ

Angkor Wat : 2050 après Jésus-Christ

Le Machu Picchu : 1955 après Jésus-Christ

Les Temples de Bali : 2150 après Jésus-Christ

Les scientifiques concluent donc aisément que ces édifices datent de l'aube de leur civilisation où les premiers hommes, encore relativement primitifs, ont réussi à mettre sur pieds de sublimes réalisations mystérieuses. Ce qui semble anachronique pour certains n'est malheureusement pas contestable. La science moderne de l'an 8500 est sans appel. D'ailleurs, qui pourrait décemment prétendre que l'Homme de l'an 2000 ait pu rivaliser technologiquement avec son arrière-arrière-arrière-arrière-arrière-arrière-arrière-arrière(…)-petit fils de 6500 ans son cadet ? Tout le monde sait que la vie sur Terre est régie par la théorie de l'évolution. Par conséquent, il n'y a pu y avoir qu'une seule lignée continue d'humains depuis la nuit des temps jusqu'en 8500, l'apogée du progrès. Toute autre considération n'a pas le droit de voir le jour.

Cela ne vous dit rien ?

C'est ainsi que je nous invite tous à prendre nos égos, nos certitudes, nos croyances, nos convictions, nos doutes, nos interrogations, nos réflexions, nos calculs, nos sentiments, nos intuitions, pour se regrouper d'un seul Homme pour enfin arriver à repenser notre Histoire. Notre Vraie Histoire.

BIBLIOGRAPHIE

Vies parallèles, Plutarque, Robert Laffont

Dictionnaire des Pharaons de Pascal Vernus et Jean Yoyotte, Tempus Perrin

Die ägyptischen Pyramiden: vom Ziegelbau zum Weltwunder, Rainer Stadelmann, editions Philipp von Zabern

Le Timée et *Le Critias, Théétète* : Platon, *Œuvres complètes*, Flammarion

Histoires, Livre IV, Hérodote, Folio

Histoire naturelle, Livre VI, Pline l'Ancien, Bibliothèque de la Pléiade, Gallimard

Bibliothèque historique, Livre III, Diodore de Sicile, Les Belles Lettres

The Land of Osiris, Stephen Mehler, Adventures Unlimited Press

L'archéologie égyptienne, Gaston Maspero, Picard Alcide

Lost Technologies of Ancient Egypt, Christopher Dunn, Bear & Company

Géographie, Strabon, Les Belles Lettres

Une histoire de l'astronomie, Jean-Pierre Verdet, Seuil

La Mythologie égyptienne, Nadine Guilhou et Janice Peyré, Marabout

Le choix Atlante, Guillaume Delaage, Alexandre Moryason

Le Mystère du Grand Sphinx, Robert Bauval & Graham Hancock, éditions du Rocher

Serpent in the Sky, John Anthony West, Quest Books

L'Empreinte des Dieux, Graham Hancock, Pygmalion

Les hiéroglyphes, Marilina Betro, Flammarion

Le roi de la théocratie pharaonique, R.A Schwaller de Lubicz, Flammarion

Du symbole et de la symbolique, R.A Schwaller de Lubicz, Dervy

Le Temple de l'Homme, R.A Schwaller de Lubicz, Dervy

Les Temples de Karnak, R.A Schwaller de Lubicz, Dervy

Le Miracle Égyptien, R.A. Schwaller de Lubicz, Flammarion

Jan Niedbala

Pharaons, souverains et dynasties de l'Égypte ancienne, Peter A. Clayton, Thames & Hudson

La Trilogie des Origines, Albert Slosman, Omnia Veritas

La Grande hypothèse, Albert Slosman, Omnia Veritas

Orion I : la Tradition Primordiale,

Orion II : La Connaissance Perdue et

Orion III : le Principe Créateur, Georges Vermard, Omnia Veritas

Traité de métrologie ancienne et moderne, Jacques Frederic Saigey, Nabu Press

The Great Pyramid Decoded, Peter Lemesurier, Element Books Ltd.

The Pyramids, Miroslav Verner, Grove Press

The Giza Power Plant, Christopher Dunn, Bear & Company

The Pyramids And Temples Of Gizeh, William Flinders Petrie, Histories & Mysteries of Man

L'Égypte, Adhémar de Montgon, Fernand Nathan

Histoire inconnue des hommes depuis cent mille ans, Robert Charroux, Robert Laffont

Hermétisme et géobiologie, Georges Prat, éditions Arkhana Vox

Le mystère d'Orion, Robert Bauval, Pygmalion

Le code mystérieux des Pyramides, Robert Bauval, Pygmalion

www.revelations-of-the-ancient-world.com

www.passion-explorers.com

Égypte – « Secrets des Pharaons »

L'archéologie alternative enfin accessible au grand public au travers d'une enquête collective grandeur nature ! Jan Niedbala est aujourd'hui le premier et seul explorateur en égyptologie alternative ayant créé sa propre société immatriculée ATOUT France afin de pouvoir organiser légalement et professionnellement des voyages et faire connaître le monde magique de l'Égypte Ancienne ! En petits groupes privilégiés, vous parcourrez les plus grands sites de l'Égypte Antique et les beautés culturelles d'une brillante civilisation. En accompagnant les voyageurs sur cette aventure unique sa plus grande mission est d'éveiller les consciences. Montrer, et démontrer sur le terrain ce dont nous avons parlé pendant treize chapitres. Avec une approche honnête et objective, c'est une Égypte nouvelle qui se révèle à tous ceux qui veulent se rapprocher de la vérité sur notre passé.

Ce voyage en 7 points clés :

- ✓ Voyager en complète sécurité
- ✓ Etre guidé par un archéologue alternatif français durant tout le voyage
- ✓ Passer une journée entière aux pyramides Gizeh et entrer dans celle de Khéops
- ✓ Avoir accès à des lieux inconnus du grand public
- ✓ Voir et comprendre pourquoi les livres d'Histoire restent très approximatifs
- ✓ Découvrir une Égypte authentique
- ✓ Trouver des réponses à la question : les anciens Égyptiens avaient-ils des moyens que nous ne soupçonnons pas ?

Quand partir en Égypte avec Jan Niedbala ?

Deux départs chaque année en avril/mai et novembre. 15 passionnés maximum par voyage.

Pour réserver votre voyage en sa compagnie :
travel@passion-explorers.com

www.passion-explorers.com

Pérou & Bolivie – « Mystères Incas »

Au moins aussi forts et énigmatiques que l'Égypte, le Pérou et la Bolivie sont deux étapes incontournables pour qui a soif de vérité concernant notre passé. À 3400 mètres d'altitude, la Vallée Sacrée ouvre ses portes aux aventuriers qui vivront ce voyage qui change une vie. Ici, pas de galères interminables en bus. Les grandes distances se couvrent en vols internes pour épargner les organismes soumis aux hauteurs andines. Entre tradition et aventure, le Pérou et la Bolivie bouleverseront votre conception du monde antique !

Ce voyage en 7 points clés :

- ✓ Machu Picchu
- ✓ Sacsayhuamna
- ✓ Ollantaytambo
- ✓ Puma Punku & Tihuanaco en Bolivie
- ✓ Les mystérieux crânes allongés
- ✓ Immersion dans la culture locale
- ✓ Un programme adapté aux changements d'altitude

Quand partir au Pérou et Bolivie avec Jan Niedbala ?

Chaque année en octobre. 15 passionnés maximum par voyage.

Pour réserver votre voyage en sa compagnie :
travel@passion-explorers.com

www.passion-explorers.com

Cambodge & Thaïlande – « Angkor et spiritualité »

Découvrir l'Asie c'est être submergé d'odeurs, de saveurs, de bruits, de sourires et de surprises. Ce voyage est l'occasion exceptionnelle d'arpenter pendant quatre jours les temples d'Angkor et plus particulièrement Angkor Wat, le temple le plus célèbre et mystérieux d'Asie, sans oublier l'immersion dans la culture locale de l'étonnant lac Tonlé Sap, l'incroyable spiritualité des sites thaïlandais et l'extraordinaire énergie de Bangkok !

Ce voyage en 7 points clés :

- ✓ Visitez deux pays en deux semaines
- ✓ 4 jours dans les temples d'Angkor et une journée complète sur Wat
- ✓ Héritage bouddhiste et spirituel asiatique
- ✓ Succombez aux plats asiatiques
- ✓ Visite de Sukhothai
- ✓ Wat Pho, Wat Arun, Ayutthaya et plus encore
- ✓ La sérénité rurale de l'Asie

Quand partir au Cambodge et Thaïlande avec Jan Niedbala ?

Chaque année en janvier. 15 passionnés maximum par voyage.

Pour réserver votre voyage en sa compagnie :
travel@passion-explorers.com

www.passion-explorers.com

Indonésie - « Temples et Mégalithes au Bout du Monde »

Envie de quitter la civilisation pendant quelques temps ? L'aventure, la vraie, vous attend sur les terres de Java et Sulawesi ! De Yogyakarta à la Vallée de Bada, cette aventure est absolument unique. "Unique" n'est pas qu'un terme séduisant. Aujourd'hui, il s'agit du seul voyage ouvert aux français proposant cette combinaison alliant culture, nourriture locale et temples avec une aventure complète dans une des zones les plus difficiles d'accès de tout l'archipel indonésien.

Ce voyage en 7 points clés :

- ✓ Découverte des plus beaux temples de Java avec Borobudur, Prambanan & Sukuh
- ✓ Aventure unique au bout du monde au cœur de Sulawesi Centrale
- ✓ Les statues mégalithiques quasi inconnues de la Vallée de Bada
- ✓ Échanges et soutien constants en symbiose avec les populations locales
- ✓ Recherche d'espèces endémiques dans la jungle sauvage, en plein habitat naturel
- ✓ Exceptionnelle nourriture de Yogyakarta
- ✓ Plage et mer paradisiaques

Quand partir en Indonésie avec Jan Niedbala ?

Chaque année en septembre. 12 passionnés maximum par voyage

Pour réserver votre voyage en sa compagnie :
travel@passion-explorers.com

www.passion-explorers.com

Islande - « Beautés en colère »

Grâce à ses décors et paysages venus d'un autre monde, cette île aux 1000 visages de feu et de glace transportent tous ceux qui s'y sont aventurés. L'expression « Il faut le voir pour le croire » ne pourrait être plus appropriée. Glaciers, paysages lunaires, geysers, plages de sable noir, montagnes désertiques et escarpées, fjords miraculeux, cascades phénoménales, cratères volcaniques, champs de laves encore fumants, fumeroles, décors improbables, sources d'eaux chaudes sauvages...tout y est ! Aucune autre destination au monde n'est capable d'offrir des paysages d'une diversité aussi irréelle et éloignée de ce que l'on est en mesure de concevoir.

Ce voyage en 7 points clés :

- ✓ Changez de planète tous les jours
- ✓ Reconnectez avec Mère Nature
- ✓ Roulez des heures sans voir âme qui vive
- ✓ Volcans, lacs volcaniques et laves fumantes
- ✓ Randonnées à Landmannalaugar, Thörsmork et Kerlingarfjöll
- ✓ Baignades dans des sources chaudes naturelles
- ✓ Vivre le soleil de minuit

Quand partir en Islande avec Jan Niedbala ?

Chaque année au mois de juin. 8 passionnés maximum par voyage.

Pour réserver votre voyage en sa compagnie :
travel@passion-explorers.com

www.passion-explorers.com

Le Guide Secret de l'Égypte Ancienne

Déjà parus

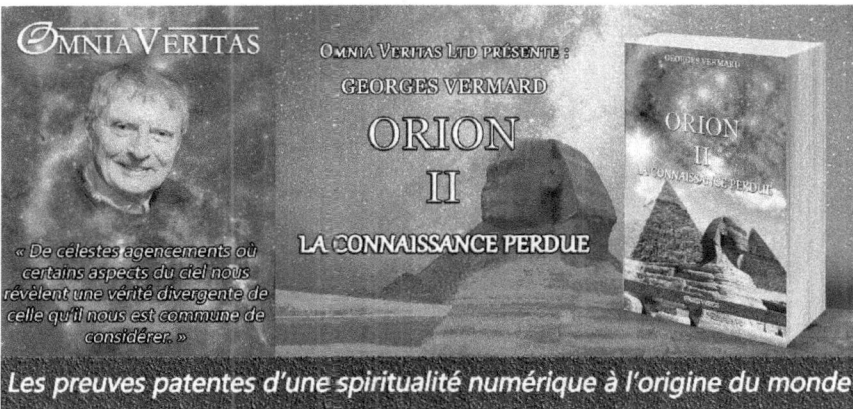

Jan Niedbala

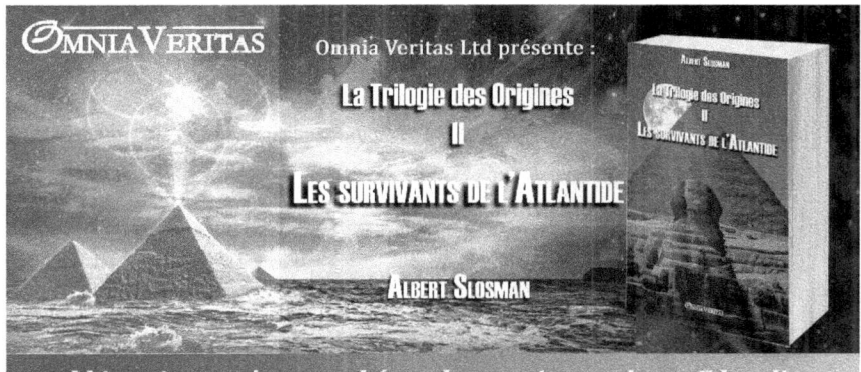

Jan Niedbala

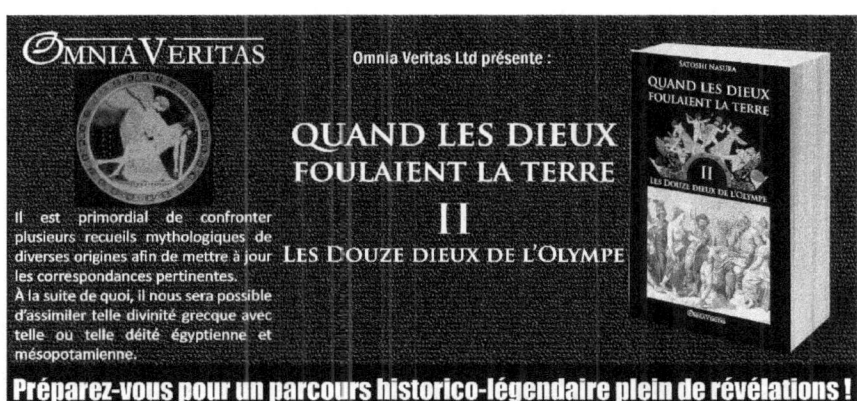

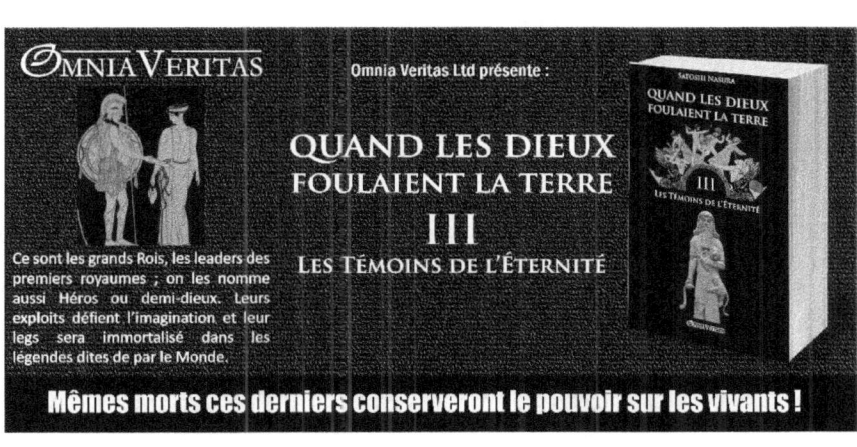

Jan Niedbala

www.ingramcontent.com/pod-product-compliance
Lightning Source LLC
Chambersburg PA
CBHW050126170426
43197CB00011B/1737